中国社会科学院城市经济学重点学科建设资助

SMART CIT

潘家华　刘治彦／主编

丛晓男／副主编

智慧城市论坛

COLLECTED PAPERS OF SMART CITY FORUM

No.4

社会科学文献出版社

SOCIAL SCIENCES ACADEMIC PRESS (CHINA)

《智慧城市论坛 No.4》编委会

主要编撰者简介

主编：潘家华　中国社会科学院学部委员，城市发展与环境研究所所长、研究员、中国社会科学院大学教授、博士生导师，《城市与环境研究》主编。国家气候变化专家委员会委员、外交政策咨询委员会委员、中国城市经济学会会长、中国生态文明研究与促进会副会长、政府间气候变化专门委员会减缓评估报告主笔。主要研究领域包括可持续城市化、能源与气候政策、生态文明转型发展经济学等。在《经济研究》、《中国社会科学》、Nature、Science、Oxford Review of Economic Policy 等学术期刊发表论文 300 余篇，出版学术专著 10 余部，获中国社会科学院优秀科研成果奖、孙冶方经济科学奖、中华宝钢环境（学术）奖等重要学术奖 20 多项。

刘治彦　中国社会科学院城市发展与环境研究所党委委员、城市信息集成与动态模拟实验室主任、研究员，中国社会科学院研究生院教授、博士生导师，中国城市经济学会副会长。中国人民大学报刊复印资料《区域与城市经济》编委，国家社会科学基金项目评审专家。负责主持或参与完成国家社会科学基金、国家自然科学基金、国家科技攻关、中国社会科学院和有关部委、地方政府以及国际合作研究课题 70 多项。主持或参与完成的科研成果先后获全国青年国土整治对策论文赛一等奖（1986 年）、全国"五个一"工程奖（2001 年）、中国社会科学院优秀对策信息类一、二、三等奖等。

副主编：丛晓男 中国社会科学院城市发展与环境研究所执行研究员，城市信息集成与动态模拟实验室副主任，中国社会科学院生态文明智库可持续城市研究部主任，上海研究院兼职硕士生导师。研究方向为城市与区域经济、区域政策模拟等。主持国家社科基金和地方政府委托的多项课题，以独立作者或第一作者身份在《世界经济与政治》《中国软科学》《财经研究》《学术月刊》等期刊发表论文 50 余篇，向有关部门提交对策报告 10 余篇。担任 International Journal of Geographical Information Science、Chinese Journal of Urban and Environmental Studies、《中国人口资源与环境》、《城市与环境研究》、《环境经济研究》、《太平洋学报》等期刊匿名审稿人。

目　录

在智慧城市论坛开幕式上的致辞 ………………………… 晋保平 / 1

第一篇　理论篇

智慧城市内涵的思考 ……………………………… 李　迅 / 9

轻装信息化是理解数字经济发展的技术基础 ………… 李广乾 / 17

新经济阶段社会变化对我国城市化发展的影响 ……… 李善同 / 30

基于 Urbansim 优化提升首都核心功能的动态模拟研究

　　——以战略性新兴产业为例

　　…………………………… 张艳芳　刘治彦 / 36

国外城市更新理论研究的演进、评述、趋势与借鉴

　　…………………………… 高国力　申现杰 / 56

第二篇　建设篇

建设以市民为主体的新型智慧城市 ………………… 罗文东 / 81

智慧城市时空基础设施建设思考与实践 …………… 刘　广 / 90

城市计算：用大数据和 AI 打造智能城市 …………… 易修文 / 102

第三篇　应用篇

关于智慧城市商业模式的几个问题 …………… 胡卫东 / 123

数字化治理的现状与挑战 …………… 江　青 / 132

共享经济：规范与发展 …………… 张新红 / 151

VR 孪生智慧园区，助力招商引资 …………… 王智邦 / 161

第四篇　经验篇

超大城市智慧化建设的反思与启示：基于上海的实践

………………………… 李有增　徐振强 / 181

日本智慧城市建设特征及对中国的启示 ………… 李国庆 / 204

墨尔本智慧城市建设：理论、经验与反思 ………… 黎永强 / 224

在智慧城市论坛开幕式上的致辞

晋保平*

这次会议既是中国城市经济学会的年会，也是一个高水平的学术论坛。紧密围绕国家经济社会改革发展大局，紧密围绕当前新型城市化进程中的一系列重大理论问题和现实问题，组织学会成员和各个领域的专家学者共同来研究这些问题，是我们学会的传统，是我们学会的责任，也是我们学会的优势。这次年会除了要完成一些必要的程序性工作之外，主要的议题就是办好论坛。所以从昨天下午到今天，会议安排了大大小小十多个论坛，有几十位学者在这些论坛发表自己的意见。

根据大会的安排，我参加智慧城市分论坛跟大家学习、交流。首先我代表主办单位对各位专家、各位学者、各位来宾表示欢迎！

我们这个分论坛的主题是智慧城市论坛。深入研究智慧城市建设，对于新型城镇化来说，具有非常重要的理论意义，同时也具有非常重要的现实意义。智慧城市对我们而言，现在已经不仅仅是一个

* 晋保平，山西沁源人，中国城市经济学会名誉会长、中国社会科学院原副秘书长。

学术概念，也不仅仅是一个理论课题，它已经对我国的城市建设发展产生越来越深刻的影响，它已经在不知不觉中悄然进入我们的日常生活，并已经逐步成为国家的重大发展战略。

当今世界，科学技术突飞猛进，新知识、新技术层出不穷，特别是随着大数据、云计算、移动互联网、人工智能等新技术的不断创新和大规模快速地普及应用，我国城市的智能化程度越来越高。我们还应该关注到一个新技术，那就是5G技术的发展趋势以及这一新技术对智慧城市，乃至对未来社会带来的革命性变革。我国理论工作者的责任就是要紧密跟踪世界经济技术发展变化的新趋势，紧密结合我国经济社会发展的实际，深入研究并提出具有学理支撑的理论概括和政策建议，为国家战略服务。随着智慧城市建设的不断推进，需要我们在理论探索、体制改革、政策研究方面进行更深入的研究和探索。这也是我国理论工作者的历史责任。在这次年会上专门安排了智慧城市论坛，就是希望通过这个平台，组织各方面的专家学者各抒己见，为智慧城市的健康发展发表意见。

我们这次论坛的主题就是城市的高质量发展。2018年是中国改革开放40周年，40年来，伴随着中国经济的高速增长，中国的城镇化建设水平也达到一个新的高度。经过40年改革建设发展，中国城市的数量、城市的规模、城市人口的数量、城市在国家经济社会发展中的核心作用，都发生了深刻的变化，取得了举世瞩目的成就。现在的问题是，在新的历史条件下，中国城市怎样从高速度发展进入高质量发展？我认为高质量发展有多方面的理解，其中，充分运用信息化、互联网、人工智能技术，积极推进智慧城市建设将是充分体现城市高质量发展的重要标志。

党中央高度重视智慧城市建设,党的十九大报告中提出,要瞄准世界科技前沿,加强基础研究,拓展实施国家重大科技项目,突出关键共性技术、现代工程技术,为建设科技强国、质量强国、航天强国、网络强国、交通强国、数字中国、智慧社会提供有力支撑。2018年4月20日,习近平总书记在全国网络安全和信息化工作会议上强调指出,我们必须抓住历史机遇,加强网上正面宣传,维护网络安全,推动信息领域核心技术突破,发挥信息化对经济的引领作用,加强网信领域军民融合,主动参与网络空间、国际治理、自主创新,推进网络强国建设。在2018年7月13日的中央财经工作会议上,习近平总书记又指出,关键核心技术是国之重器,对推动我国经济高质量发展、保障国家安全都具有十分重要的意义,必须切实提高我国关键核心技术创新能力,把科技发展主动权牢牢掌握在自己手里,为我国发展提供有力的科技保障。在新型城镇化建设中,在智慧城市建设中,我们要深入学习贯彻习近平总书记的讲话精神。

前面我已讲到,智慧城市已不仅仅是一个学术概念,以数字化、信息化、网络化、人工智能为支撑的技术,已经成为推进智慧城市建设的重要手段和资源,而且有眼光的企业对数字化、信息化乃至于以此为基础的智慧城市建设已经开始规划。根据前沿产业研究院最近发表的一篇报告——《智慧城市建设发展前景与投资预测分析报告》,2017年我们国家智慧城市建设投资规模达到6万亿元,预计未来3年将以每年30%以上的速度增长。到2021年市场规模将达到18.17万亿元,这个数字可能不一定准确,但至少告诉我们这个是非常有发展前途的。

我们这次会议在成都召开,这也是一种巧合,成都在这方面的发展相当不错，有一个研究成果，2017 年到 2018 年中国城市新兴发展影响力评估，把成都作为 2018 年度中国最具投资价值的智慧城市。我们都知道成都是天府之国，今天成都也在智慧城市建设方面起到了非常好的示范作用。现在国家八大通讯枢纽，国家"八纵八横"的光纤节点都跟成都有关系，我们期待成都在今后推进智慧城市建设方面做出示范，带来更多的经验。

今天借此机会我想给大家谈点个人意见。

第一个是网络安全的问题。这个问题国家一直在强调，我们一方面要推进信息化、大数据、网络为基础的智慧城市建设，同时，如何确保网络安全，尽可能减少或者杜绝由于网络安全给我国智慧城市建设过程中带来的负面影响，这需要我们重视。

第二个就是工业互联网对智慧城市的升级作用非常重要。前不久我去青岛开了一个座谈会，有幸在会上听到青岛海尔集团战略部部长讲，他说我们海尔集团的产品已经不是过去所看到的冰箱、洗衣机、彩电。现在生产一个具体的产品对我们来讲并不是非常重要，更重要的是在产品上做一个智慧平台，通过产品的智慧平台实现智慧家庭、智慧社区、智慧企业、智慧生活的改造，进而推进智慧城市的发展。比如说，通过企业的技术创新，把数字技术、网络技术、人工智能技术等运用到冰箱上，实现冰箱的智慧平台建设，进而使冰箱智能技术系统可以知道这个家庭主人喜欢吃什么菜，知道在什么地方可以买到家庭主人喜欢吃的菜，而且还知道这个菜的供货渠道、生产季节，同时跟工厂、货源基地联网，生产货源基地也知道他的消费群体在哪儿。这个冰箱已不再是一般意义上的冰箱，而是一个智慧平台，会对我们的生活工作产生深远影响。

　　再有一个，信息消费会激发我国智慧城市的活力，提升信息消费是促进智慧城市建设的重要手段。随着信息通信技术的飞速发展，我国很多城市将其传统的商业行为快速转移到互联网平台上，城市的工业化、城镇化、农业现代化等领域需要的信息都在城市智慧化实现过程中得到体现。

　　中国社会科学院对智慧城市建设非常重视，建立了中国社会科学院城市信息集成与动态模拟实验室，这个团队过去的多年研究也取得了一些成绩，连续召开了三届论坛，今年是第四届了，我们希望这个论坛做成一个品牌论坛，希望在各位专家学者的呵护、支持、帮助下这个论坛越办越好，真正使这个论坛在推动中国智慧城市建设当中发挥越来越重要的作用，谢谢大家。

第一篇 理论篇

智慧城市内涵的思考

摘要：智慧城市是实现城市高质量发展的有效手段，其核心价值观是"更透彻的感知、更全面的互联互通、更深入的智能化"。本文立足现实发展的需要，在梳理智慧城市的发展历程的基础上，提出中国智慧城市发展需要顶层设计、架构设计和科技攻关。智慧技术在应用到城市规划中时，仍然面临诸多挑战，如技术、建设、效益、应用、管理、安全方面等。

关键词：智慧城市 城市规划 应用 挑战

美国经济学家斯蒂格利茨曾经认为，中国城镇化和美国高科技是二十一世纪影响人类发展的最重要的两件大事。这两件大事融合在一起，也可认为就是运用智慧技术实现城市高质量发展。

---

* 李迅，中国城市规划设计研究院副院长兼党委副书记、中国城市科学研究会秘书长。

一　来自需求供给侧的分析

　　需求供给侧改革要靠智慧技术来实现。为什么提出城市高质量发展？城市高质量发展从经济学角度看就是供给侧结构性改革，但其实是从需求侧角度出发，基于新的社会矛盾提出来的，即解决人民对美好生活的需求与发展的不平衡、不充分之间的矛盾。马斯洛认为人的需求是分层次的，有生理、安全、社交、受尊重以及自我实现的需求。2018 年中国人均 GDP 达到了 9000 美金，达到这个收入水平后人们对美好生活的需求更加突出安全、健康、医保、养老，更高层次上的需求是民主、法治、公平、公正、公开、社会正义，然后到协调、全面、高效发展，接着是提高共建、共商、共享水平，最后的需求是多样性和选择性。再上面的需求是什么？我们生活在城市里面，古希腊哲学家亚里士多德说过，"城市应该让生活更美好"。我们希望诗意的栖居，希望像生活在天堂一样，然后达到自我实现的境地。人要实现需求就必须借助智慧技术，这样就把高质量发展和智慧城市建设联系起来。

　　科学技术发展正迅速改变生活。我们所处的时代是一个飞速发展的时代。趋势一：全球科技创新中心逐步向亚太地区转移，中国的作用日益强化。趋势二：强化科技创新功能正成为世界城市及城市群的核心战略，科技创新中心呈现多极化发展和全球连接紧密的趋势。趋势三：以颠覆性技术为核心的新技术和以共享经济、数字经济为特征的新经济将带来发展方式的深刻变革。趋势四：科技创新中心发展理念正由"园区"向"城区"转变。趋势五：伴随着产业演进规律与交通方式的变革，全球科技创新中心空间组织呈现区域化、网络化的特征。趋势六：构筑创新创业生态是全球科技创新中心体系演进的必然趋势，自组织、非线性、多元主体是典型特征。2017 年，北京做了外国留学生的一个社会调查。调查的问题是，中国新四大发明是什么？调查结果是高铁、网购、移动支付和共享单车。这所谓的新四大发明都和新技术有关系，尤其是互联网技术。其实这四项发明的原创技术并非都来自中国，但中国创造性运用得好。苹果终结了唱片业，支付宝挤压了零售业，微信挑战了电信商，百度影响了广告业。科技创新正在改变着我们的生活。人类过去的活动和行为有赖于管理制度，而现在技术进步正成为改变人类生活方式的重要力量。无疑，我们生活的世界是一个数字地球。信息获取、信息处理、信息管理、信息应用是支持数字世界运行的必要环节，信息基础设施是这些环节的基础。没有这个基础条件，数字世界就是无本之木。

城市是一个复杂巨系统，需要智慧技术实现支撑。信息基础设施应用领域广泛，涉及教育、军事、农业、经济、服务、管理等诸多领域。这里用一个关于挖掘机指数的例子进行说明。通过物联网建设，将挖掘机的运作情况用于对整个地球上的经济建设状况把握。决策者通过每个月挖掘机指数实现宏观管理，这就是信息技术、物联网技术对城市发展的影响。城市管理者之所以使用这项技术是因为城市是一个复杂的巨系统。钱学森认为城市比导弹还要复杂，它是一个复杂的巨系统，因此需要技术的支撑。

二　智慧城市及其发展

智慧城市理念来源于智慧地球概念。"智慧地球"是在 2008 年由 IBM 首席执行官首先提出的，其核心理念是强调更透彻的感知，更全面的互联互通和更深入的智能化。智慧地球基础是万维网、物联网在各个行业高效融合和综合利用。智慧城市理应成为可持续发展探索的一个重要领域。很多国家都在进行智慧技术发展，如日本将绿色生态技术和智慧技术放在同一种语境下，对我们来说还未能有此认识。

智慧城市建设需要顶层设计来引导。改革开放四十年，中国为什么会发展得这么快？习近平总书记在庆祝改革开放四十周年大会上曾经提到，有一个经验就是摸着石头过河和顶层设计相结合。顶层设计非常重要，自上而下的顶层设计是中国快速发展的一个秘诀。中国新型城镇化发展的顶层设计在 2014 年完成。中共中央、国务院颁布的《国家新型城镇规划》里面提到关于新型城市建设有三大理念，就是要"加快绿色城市建设，推进智慧城市建设，注重人文城市建设"。这三大理念是从哪儿来的？其实是从北京奥运会来的。2001 年中国第二次申办奥运会时就提出新的奥运申办理念，就是"绿色奥运、科技奥运、人文奥运"。北京奥运会成功结束以后，在讨论后奥运时代北京如何发展时，有人提出把奥运三大理念作为北京市城市建设的三大理念，就是"绿色北京、科技北京、人文北京"。现在已经上升为国家新型城镇化城市建设三大理念，即"加快绿色城市建设、推进绿色城市建设、注重人文城市建设"。

智慧城市建设顶层设计已经完成。2014 年 8 月，为规范和推动智慧城市健康发展，构筑创新 2.0 时代的城市新形态，引领创新 2.0 时代中国特色的新型城市化之路，国家发改委、工信部、科技部、公安部、财政部、国土部、住建部、交通部八部委印发《关于促进智慧城市健康发展的指导意见》，提出到 2020 年，建成一批特色鲜明的智慧城市，聚集和辐射带动作用大幅增强，综合竞争优势明显提高，在保障和改善民生服务、创新社会管理、维护网络安全等方面取得显著成效。这个指导意见对智慧城市有一个定义，即智慧城市是运用物联网、云计算、大数据、空间地理信息集成等新一代信息技术促进城市规划、建设、管理和服务智慧化的一个新理念和新模式。智慧城市的服务对象是政府、企业、社区、公众，它构成的主体主要就是基础信息平台，如综合信息平台以及政府应用系统、企业应用系统、社区应用系统、公众应用系统和政策法规保障系统。具体技术涉及 IS 技术、遥感技术、GIS 系统、GNSS 技术，还有 VR 系统和数据库技术。2014 年中共中央、国务院颁布的《国家新型城镇规划》里提出了智慧城市建设的六个方向，即"信息网络宽带化，规划管理信息化，基础设施智能化，公共服务便捷化，产业发展现代化，社会治理精细化"。到 2016 年，国家网信办和国家发改委提出一个新的概念，叫新型智慧城市建设。新型智慧城市建设包括"六个一"工程，即一个开放的体系架构、一张高新技术基础网、一个通用功能平台、一个数据体系、一个高效的运营管理中心、一套统一的标准体系。提出了智慧城市建设四项原则，即"以人为本、务实推进；因地制宜、科学有序；市场为主、协同创新；可控可管、确保安全。"可以说智慧城市建设是中国当代城市建设的重要主题之一。

　　智慧城市建设需要进行架构设计。智慧城市是建立在城市全面数字化基础之上的可视化和可量测的智能化城市管理与运营方式。它需要一个建设标准，其城市层面的分层架构包括感知层、平台层、物联层、应用层；社区层面分层架构包括一个社区建设标准，一个建设运维中心和三个平台（用于感知的基础信息平台、用于服务的数据基础平台、用于共享的应用服务平台）；系统层面包括智慧政务、商务、社区、服务、数据的支持系统（数据的挖掘机）以及情景模拟分析和辅助决策模拟以及应急预案等这些技术应用。这是系统设计里面提到的三个层次，从最小的家庭到社区，然后到城市，基本如此。

智慧城市的核心价值表现为"感知、共享与和谐"。智慧城市应用系统是基于互联网、云计算等新一代信息技术以及大数据、社交网络、Fab Lab、Living Lab、综合集成法等工具和方法的应用，营造有利于创新的生态，实现全面透彻的感知、宽带泛在的互联、智能融合的应用以及以用户创新、开放创新、大众创新、协同创新为特征的可持续创新。智慧城市建设需要科技攻关，但其实现不仅仅体现在硬件、网络通信等技术本身，还要科学地认识智慧城市——城市是为人服务的，因此城市发展要以人为本；同时城市会变化，发展、扩张和衰亡，因此也要动态地认识城市。智慧城市的核心价值观体现为：一是感知，通过技术手段来感知获取各种信息。这也是人们越来越依赖智能手机的原因，因为它已经变成了一个感应器；希望能够有更透彻的天罗地网的感应器，数据采集、挖掘通过全面的感知捕捉。二是共享，也叫分享。信息获取以后要分享，而后才能有计划地管理。如果各部门各自为政，实行相对封闭的管理，就会形成信息孤岛。这就意味着更全面的互相互联，需要有物联网和智慧神经构成一个网，互联互通。第三为和谐，就是更加智能化，更加聪明，智慧城市是服务大众、以人为本的，最后目标是建成一个宜居宜业的美好城市。要减少城市运行过程中系统与系统间的冲突问题，就需要建立智慧城市网络化管理服务中心。

三　智慧技术在城市规划中的应用

智慧城市应用技术随着通信技术的进步而发展。宽带中国战略稳步推进、5G试点开始启动，进一步提高了城市信息基础设施能力。通信卫星与导航技术的新成果，提升了城市信息获取能力及其在城市建设、环境监测、应急减灾等领域的应用。大数据中心和时空信息云平台的不断建设与演进，拓展了大数据与云计算在智慧政务、智慧城管、智慧交通、智慧医疗、智慧养老、智慧环保等领域的应用。互联网和通信技术新发展，提高了城市信息基础设施水平；遥感卫星与导航技术新成果，拓宽了城市信息获取途径；大数据中心建设日臻完善，提升了城市信息处理能力；时空信息云平台建设，支撑了城市管理与服务决策。人工智能技术及其应用发展改变着人们的生活方式，将推动新型智慧城市向纵深方向发展，呈现公共服务、城市治理、共享经济多个方面的发展趋势。BIM，就是建筑领域如何利用BIM进行全过程的建设、管理、控制，其趋势是从BIM走向CIM，这是市政设施实时的监控和优化。还有共享汽车、智能家居无线联网、线上中关村企业网、智能小镇等等，这里不再罗列。

城市规划一个基础要求就是依靠智慧技术建立多规合一的信息平台。2018年国务院机构改革调整就是为了缓解部门与部门、规划与规划之间的冲突问题。要解决这类问题，前提是建立一个城市基础信息平台。城乡规划改革最后成果应当为一个核心体系，即一本规划、一张蓝图、一套指标、一个平台、一套管理机制。这"五个一"的实现基础就是信息技术、智慧技术，以此来实现习近平总书记说的"一张蓝图干到底"。深圳的一张蓝图基础就是全域数字化现状图。一个数据平台就是只有一个城市数据平台，包括了基础设施、社会治理设施以及其他的应急管理体系。通过手机来分析人口活动情况，来辅助判断城市空间结构如何构建。用大数据来分析生活的便利程度，现在叫五百米生活圈，即不需要远距离驾车，设施配备的边界度是 15 分钟。这就可以通过大数据帮助识别。

智慧城市发展还面临众多挑战。第一个是技术挑战，目前智慧城市标准规范的构建还不够。第二个是建设挑战，智慧城市建设成本较高，投入不科学容易造成资源浪费。第三个是效益挑战，投入产出效益能不能达到平衡是个大问题。第四个是应用挑战，应用的流程如何创新也是一个大问题。第五个是管理挑战，智慧城市的体制机制设计是核心。第六个是安全挑战，共享与分享存在隐患，如个人隐私安全问题。

总结而言，智慧城市发展的核心价值观就是"更透彻的感知、更全面的互联互通、更深入的智能化"。

轻装信息化是理解数字经济发展的技术基础

李广乾[*]

摘 要： 早在 1997 年，我国就提出了具有中国特色的信息化认识框架，即信息化七要素论。以物联网、云计算、大数据等为代表的新一代信息技术对信息化七要素都产生了重要影响，信息化从此由重装向轻装转变。然而，近年来随着信息经济、智慧城市、"互联网＋"、数字经济等诸多经济产业词语的流行，信息化的理念、理论受到冲击，被人们所遗忘，这给我国的信息化整体发展战略带来影响。轻装信息化为我们认识数字经济、"互联网＋"等提供了一个科学合理的认识和理论框架。今后，我国应该继续坚持具有中国特色的信息化认识框架，加强研究与创新，以轻装信息化为理论基础，以"互联网＋"为政策总线，以数字经济为发展方向，构建科学合理的信息化政策框架。

关键词： 信息化 信息化七要素 新一代信息技术 数字经济 轻装信息化

---

* 李广乾，现任国务院发展研究中心信息中心研究员。

　　数字经济已经成为当下最热门的话题。自 2016 年 G20 杭州峰会通过《G20 数字经济发展与合作倡议》以后，数字经济立即成为人们重点关注的内容，一时间各种分析论述数字经济发展战略和政策的学术论文以及一些地方和企业促进数字经济发展的新闻报道涌现出来，各级政府也抓紧研究起草促进地方数字经济发展的政策措施。从这些现象看，数字经济似乎作为一种新兴经济形式，开始对我国经济社会发展产生日益重要的影响。

　　然而，回顾过去二十多年的发展历程，不难发现，类似"数字经济"诸多新兴概念而兴起的经济社会热潮不胜枚举。过去二十年里，新技术新业态不断涌现：与此同时，各种名词和说法层出不穷，让人应接不暇。特别是从 2008 年开始，物联网、云计算、大数据、移动宽带等技术几乎同时密集地出现。近年来又冒出了区块链、新一代人工智能等最新技术。在这些新兴技术和概念的触动下，先后诞生了众多看似雷同的产业、经济词语。例如，2000 年前后，受美国互联网泡沫的影响，信息经济或互联网经济成为热门话题；在2000 年之后，"数字城市"成为人们热衷讨论的话题；2008 年之后，智慧城市的概念大行其道，智慧产业、智慧经济、智能产业等又跟着登场占据媒体重要版面；2015 年，数字经济兴起之后，人们又着手研究各行各业的数字经济；2018 年又兴起所谓"城市大脑"的说法等。

　　如何认识这些专业的高新技术概念并理解这些技术概念与这些经济产业词语之间的相互关系，不仅考验着普通民众的科学素养，也考验着一些行业干部甚至工程技术人员的专业认知能力。实际上，目前人们在如何认识这些产业词语上是很不一致的。这些"不一致"

不仅表现在对于同一个特定现象、特定主体的不同称谓的不同认识上，也表现在对于同一个称谓的不同认识上。例如，尽管数字经济已经成为全社会的一个很常用的概念，但大家对于数字经济的认识仍有很大差别，目前能够找到的数字经济的定义不下十种。概念和说法上的这种模棱两可、不断反复的混乱局面表明，当前我们不仅对单项信息技术本身的特性、作用和影响缺乏深刻认识和理解，更对这些技术对于经济社会发展的综合作用和影响缺乏深刻认识和理解。

一　具有中国特色的信息化认识框架

出现这种混乱局面的根本原因在于，我们未能始终如一地坚持和创新"信息化"的思维和理念。为此，有必要简要地回顾一下人类的信息化认识过程以及我国20多年前所建立的具有中国特色的信息化发展理论的基本内容。

1963年，日本学者梅棹忠夫（Tadao Umesao）第一次提出"信息化"的概念，他在题为《论信息产业》的文章中提出，"信息化是通讯现代化、计算机化和行为合理化的总称"，社会计算机化的程度是衡量社会是否进入信息化的一个重要标志。之后，梅棹忠夫的"信息化"概念引起西方社会各界的高度关注和广泛影响。这种影响可以从两个方面去认识：从"形而上"层面看，"信息社会"成为西方学界分析工业化社会之后的一个基础工具，信息社会被认为是工业社会之后人类社会的未来发展形态，成为"后工业社会""后现代社会"的代名词；从"形而下"层面来看，信息化被认为是信息技术改造企业业务、提高经营绩效的基本过程，CAD、ERP、电子商务等成为企业信息化的基本内容。

"信息化"的概念在传入我国的过程中，发生了诸多变化。在20世纪80年代，信息化对我国的影响相对有限。一方面，由于我国工业化水平比较低，对于所谓的"后工业化"缺乏必要的认识和理解，因而形而上的"信息社会"在我国很难产生多少影响；同时，由于当时我国企业应用信息技术的能力相对较低，信息化"形而下"的表现仍然不甚理想。然而，从20世纪90年代开始，随着"三金"工程的实施，信息化的巨大作用得到认同，促使我们必须从理论上提高和深化对于信息化的认识和理解。为此，1997年的全国首届信息化工作会议从国家战略层面提出了我国对于信息化的认识框架，其主要内容包括：信息化是指培育、发展以智能化工具为代表的新的生产力并使之造福于社会的历史过程；国家信息化就是在国家统一规划和组织下，在农业、工业、科学技术、国防及社会生活各个方面应用现代信息技术，深入开发广泛利用信息资源，加速实现国家现代化进程；国家信息化体系由6个要素组成，即发展信息技术和产业，建设国家信息网络，开发利用信息资源，推进信息技术应用，培育信息化人才，制定和完善信息化政策[①]（如图1所示）。（当时信息技术与信息化应用尚处于初级发展阶段，信息网络安全问题尚未凸显出来，从现在来看，国家信息化体系应该加上一个新的要素，即信息网络安全。为此，后面统一使用"信息化七要素论"的说法。）

与西方国家的信息化认识相比，我国的信息化认识框架更加科学合理：一方面，从国家层面去界定信息化属性，克服了在发展初期

---

① 吕新奎主编《中国信息化》，电子工业出版社，2002。

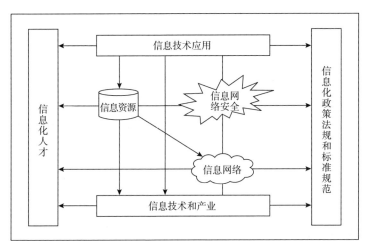

图1　信息化七要素

信息化的高技术门槛对于企业信息化建设的巨大阻碍,有利于释放信息化的巨大技术红利;另一方面,"信息化七要素论"让我们能够全面、系统地去综合认识、规划和建设信息化,有利于实现平衡发展。回顾20多年来我国的信息化发展历程,可以毫不夸张地说,"信息化七要素论"是一种科学合理的信息化认识框架,是我国信息化得以快速发展的一个非常重要的原因。

二　新一代信息技术的解构与轻装信息化

然而,最近十年来,作为一种科学合理的信息化认识框架,"信息化七要素论"未能得到一以贯之的坚持和有效的贯彻。虽然信息化也常被人们提及,但其影响国家政策的指导性作用已经大为减弱。造成这种情况的原因主要有两点:首先,大概从2008年开始,物联网、云计算、大数据等新一代信息技术密集涌现,由于每项技术都带有某种革命性的功能，因而冲淡了人们原有的对于信息化的热情。例如，从 2010 年开始，一些地方政府热衷于所谓的智慧城市建设，纷纷发布当地的智慧城市建设规划，并以此取代其信息化发展规划。其次，信息化的理论没有得到及时更新。面对新一代信息技术作用下的信息化发展局面，传统的"信息化七要素论"的解释能力大为减弱，迫使人们另起炉灶、再赋新词。因此，构建新一代信息技术作用下的信息化认识框架，也就具有特别重要的理论与现实意义。

重构信息化认识框架的核心是深刻认识新一代信息技术对"信息化七要素"的作用。实际上，以物联网、云计算、大数据和移动互联网技术等为代表的新一代信息技术从组织架构、基础设施建设、业务应用范围、参与主体等诸多方面不断颠覆传统的信息化建设面貌。具体来说，我们可以基于图 1 的"信息化七要素"来详细分析新一代信息技术对于信息化建设的作用和影响（如表 1 所示）。

表 1　新一代信息技术对信息化七要素的作用

信息化七要素	物联网	云计算	大数据	移动互联网
信息技术和产业	技术创新	技术创新	技术创新：大数据既是一种数据处理技术（系统），也是一种信息资源的应用方式和思维	技术创新
信息网络	拓宽网络连接范围	Iaas 改变网络建设方式	—	由固定向移动化转变，加快了移动智能终端的发展以及人们运用信息化的深度和广度

续表

信息化七要素	物联网	云计算	大数据	移动互联网
信息资源	极大地增加了信息资源的数量与类型，非结构化数据大量增加	改变数据资源存储和计算方式，提高了信息资源处理能力	赋予信息资源的4V特征，非结构化数据日益成为主要内容	来自移动终端的信息数据极大地增加了信息资源的总量与结构
信息技术应用	拓宽了业务应用范围，使得很多传统行业如服务业、制造业等都可以纳入信息化范畴	Saas改变业务系统开发建设模式和应用方式	作为一种决策辅助工具，极大地提高了决策分析能力与时效性	App日益成为人们的信息化应用方式
信息网络安全	涉及面更广泛、危害更直接：不仅仅涉及计算机系统的安全，也涉及机器设备与人身财产安全	由分散的安全问题转变为集中的安全问题	提高安全分析能力	智能终端的安全问题更加普遍
信息化人才	增加	增加	增加	增加
信息化政策法规和标准规范	加强	加强	加强	加强

表1表明，新一代信息技术对于"信息化七要素"的影响，不仅全面，而且深刻，从而对传统的信息化建设带来根本的变化。我们可以从下面几个方面来分析这种深刻的变化和影响。

（一）新一代信息技术基于信息生命周期重构信息化建设模式

与以前的 IT 技术的创新发展不同，这些新一代信息技术具有一个最显著的特点，就是相互之间围绕海量信息的产生、传输、处理、决策分析的前后相互连贯的以产业链条的形式集中出现（如图 2 所示）。新一代信息技术所建立的信息采集、传输、处理与应用之间的统一，构建了一种崭新的"信息化元模型"。而这种元模型也成为当前信息化发展的基本方向，各行各业得以借助信息化元模型的这种统一性去发展各自所需要的新型信息化业务体系，从而掀起新一轮威力更为宏伟强劲的信息化发展浪潮。

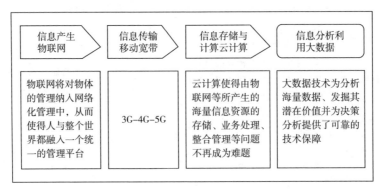

图 2　信息化元模型

（二）信息化发展的"重资产、轻应用"趋势得到不断强化

云计算技术和思维使得信息化建设领域出现新的分工、分化。在传统技术条件下，企业需要自建内部网络环境、建设专门机房和数据中心、购买各类服务器和存储器等，耗资巨大，动辄千万。但

是，在新一代信息技术条件下，企业可以不再需要自己建设、购买那些需要巨额投资的东西了，而是向电信运营商或互联网企业（如已经投资建设大型云计算中心的 BAT（百度、阿里和腾讯三家公司的简称））租用相关技术条件、软件业务系统和基础设施；甚至是容灾备份都可以不用管了，因为云计算企业已经具备了这方面的条件。在传统技术条件下，这些投资占据企业信息化建设费用的绝大多数，给企业发展带来巨大负担。我们可以将信息化建设的这些内容看作信息化建设的"重装"的部分。

毫无疑问，由"自建"向"租用"的转变大大地简化了企业信息化建设，企业得以"轻装上阵"并节省大量的投资费用。在这种情况下，企业的主要任务是规划合理有效的信息化建设计划，建立、完善和管理业务数据库，加强业务信息系统的日常管理与维护，建立相应的管理制度等。我们可以将信息化建设的这些内容看作信息化建设的"轻装"的部分①。随着信息化日益分化为"重装""轻装"两个部分，信息化建设日益出现两种从未有过的现象：首先是各行各业应用信息化的技术难度日益降低、成本不断下降，信息化日益融入经济社会发展的各行各业；其次，"重装""轻装"日益分化的趋势，不仅加剧 IT 技术产业、信息基础设施建设行业的竞争与技术进步，也加快了各传统行业的技术进步，跨界融合不断出现，传统行业面貌开始发生重大变化。为此，我们可以将信息化的这种新的发展趋势称为轻装信息化。

---

① 当然，对于制造业来说，与生产线相关的物联网建设投资仍然应该被作为企业产品开发和设备投资建设的一部分。

（三）新一代信息技术催生新的信息基础设施

从实际应用情况来看，从信息化元模型出发，轻装信息化开始形成新的信息基础设施，即"云、网、端、台"①。具体来说，"云"即是指云数据中心，指基于云计算、大数据技术所建设的基础设施；"网"即是指物联网，不仅指互联网，也包括以感应技术所出现的狭义的物联网，物联网将对物体的管理纳入网络化管理中，使得人与整个世界都融入一个统一的平台；"端"则是指用户所采用的电脑、移动终端、可穿戴设备、传感器乃至于以嵌入式软件形式存在的各种应用功能。而平台要复杂一些，不仅包括一些基于核心技术和标准而形成的技术开发和运行体系（例如，物联网平台），也包括经过充分的市场竞争而形成的行业性业务协作机制，例如各类电子商务平台、社交媒体平台（如微信等）等。"云、网、端、台"也成为新一轮信息化即轻装信息化的信息基础设施建设内容（如图 3 所示）。

三　轻装信息化是数字经济的本质特征

作为超越模拟技术的一种创新经济，数字经济早在 20 世纪 80 年代便被提出来，到 20 世纪 90 年代得到欧美国家的使用，美国商务部就曾经在 1998 年发布《浮现中的数字经济》的系列报告，此后"数

---

① 有人也将这种情况称为"云、网、端"。具体情况可参考阿里研究院的《中国信息经济发展趋势与策略研究》。

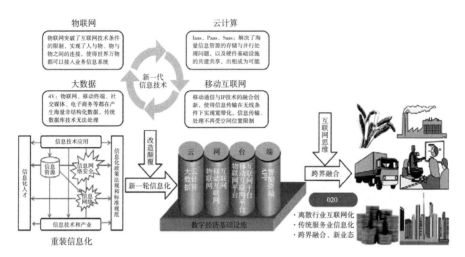

图 3　"轻装信息化"与数字经济

字经济"一词传入我国①。不过，在 2016 年的 G20 杭州峰会之前，"数字经济"的用法在我国一直未能产生显著的影响。

"数字经济"的用法已经跨越 20 余年，这 20 多年也正是信息化建设发生重大转型的历史时期。因此，"数字经济"理应随着技术革新和时代发展而赋予新的内涵。实际上，G20 杭州峰会所发布的《二十国集团数字经济发展与合作倡议》就认为，数字经济是指以使用数字化的知识和信息作为关键生产要素、以现代信息网络作为重要载体、以信息通信技术的有效使用作为效率提升和经济结构优化的重要推动力的一系列经济活动。该定义实际上也与"信息化七要素"存在很大的相似性。从图 3 可以看出，数字经济其实就是新一代信息

---

① 该系列有的已被翻译成中文：《浮现中的数字经济》，姜奇平等译，中国人民大学出版社，1998 年 11 月。

技术作用下的信息化的又一个具象化的称谓和表述而已。从这个意义上讲，数字经济的实质其实就是上述的轻装信息化，图 3 的"云、网、端、台"即是数字经济的基础设施。

轻装信息化为我们认识数字经济提供了一个科学合理的认识和理论框架。这也使得我国的数字经济政策得以建立在一个坚实的科学基础之上，为我们制定有效的政策措施提供了有价值的参考依据。此外，基于轻装信息化，我们也就可以比较合理地区分数字经济与其他概念和说法之间的关系和区别，例如数字经济与"互联网＋""＋互联网""消费互联网"与"产业互联网"以及第三次工业革命、工业 4.0、工业互联网等①。

四 相关政策建议

这些年来，就如何应用新一代信息技术促进经济社会发展，我们首创和引用了诸多的词语并以这些词语作为战略或政策，并在各个层面加以实施。一方面，从单个行业或领域来看，这些政策有力地促进了相关产业发展；但是，另一方面，从总体来看，一些战略或政策之间也产生了矛盾和冲突，不利于政策的综合协调和高效推进，亟待建立科学合理的发展理念、统筹各个政策之间的相互关系。

（一）坚持信息化的理论基础

"信息化七要素论"是我国政府首创的对于信息技术作用于经济社

---

① 具体内容可以参考：李广乾《"互联网＋"的本质属性是轻装信息化》，载于《"互联网＋"的支撑环境研究》，中国发展出版社，2017 年 12 月。

会发展这一复杂系统的科学合理的认识框架，明确了各相关要素、主要内容及其相互关系、作用机制，并建立了与其相对应的国家信息化管理体系。实践证明，这个认识框架是正确的、有效的。我们不应该因为某种新技术或新现象的出现而轻易地抛弃这个信息化认识框架。"信息化七要素论"的认识框架应该成为数字经济、智能产业、"互联网＋"等诸多词语或说法的理论基础。

（二）创新信息化理论

近年来，新一代信息技术的快速发展已经实现了信息化由重装向轻装的转变。与重装信息化相比，轻装信息化在基础设施（物联网、云计算等）、网络（移动宽带）、大数据以及行业门户网站治理等诸多方面都日益表现出多样化的特征，需要我们加强研究，从不同层面完善、丰富轻装信息化的理论与实践。当前，尤其要以轻装信息化去综合认识新一代信息技术对信息化建设的各种新作用、新现象、新业态、新形式，并根据轻装信息化要求优化我国的信息化管理体制。

（三）规范、整合信息化政策体系

这些年来，我国的信息化政策变化太快，各种概念太多，让人有点儿眼花缭乱的感觉，今后应该对此进行规范、整合。为此，可以考虑以轻装信息化为理论基础，以"互联网＋"为政策总纲，以数字经济为发展方向，构建科学合理的信息化政策框架。

新经济阶段社会变化对我国
城市化发展的影响

李善同[*]

摘要： 本文旨在分析中国经济新形势下城市化发展面临的问题和未来趋势，在此基础上提出中国城市化的道路选择。经济社会发展对城市化有重大影响，经济增长速度、产业结构调整、创新要素驱动等都是城市化的影响因素。城市发展质量的关注、城乡要素双向流动和地方城市化都是中国城市化的新趋势。城市群在城镇功能定位、产业经济发展和公共服务设施等方面都具有更大优势，是中国未来城市发展的重要形态。

关键词： 城市化　影响因素　未来趋势　城市群

这个选题基于前几年自然基金的重点项目，主要探讨中国城市化道路的选择和管理。

---

* 李善同，国务院发展研究中心发展战略和区域经济研究部原部长。

一 城市化发展的因素

从经济社会方面来看城市化影响的机制是什么？过去的研究通常将城市化作为促进未来发展的一个重要抓手。作为经济社会推进的动力。但本研究是着重分析整个经济社会发展对城市化带来的影响。

首先，无论是经济增长、结构变化、劳动力的流动，还是技术、政府行为等都会对城市化产生影响。具体来说，比如经济增长通过一些渠道影响城市化，结构变化也是，实际上产业结构转变是城市化发展的动力之一，所以城市化是工业化的一个阶段，并不是一个起因。要素流动，特别是劳动力的流动，对城市化也非常重要。还有一些其他因素，如制度变迁、技术进步和政府行为。拿政府行为来说，一方面它是一个行政主体，同时它也是一个市场主体。政府要消费，政府要选择办公地方。比如北京市政府从城里转到通州必然对整个城市产生很大影响。

以上简单论述了哪些因素会对城市化产生影响，接下来，从未来发展看，城市化的影响因素又有哪些？首先，中国进入了一个新的发展阶段，从中高收入国家向高收入国家迈进。世纪之交时，中国从低收入进入中等收入行列，2020 年左右从中等收入转到中高收入水平。其次就是增长，中国经济增长速度过去很长一段时间是两位数，后来是 8% 左右。过去五年计划有多少年都是 8%，不管是 10% 的增长，还是 9% 的增长都说是"老八路"。但从"十三五"以来，经济增长已经从 8% 降到 7% 或者 7% 以下，经济增长未来不可能实现两位数的增长，实现比较高的个位数增长可能性也不是很大，这就是我们从改革开放以来历次五年规划增长的大概情况。

接着就是产业结构发生重大变化，从工业化角度来说就是从工业化向后工业化的过渡。服务业的比重大幅度提高，农业从传统农业向现代农业转变。另外各个城市在实际发展过程中，由于产业结构的变化造成产业选择和发展路径都大相径庭。这中间特别要提到人口问题，因为人口和城市化的速度直接相关，一方面人口增速逐渐减缓，15 到 64 岁劳动年龄人口从 2014 年开始下降，另一方面老龄人口增长比较快。现在 65 岁以上老龄人口达到了 11.4%。

然后中国经济增长从原来的要素驱动转向创新驱动，也会对城市化产生重大影响。经济增长原来是"三驾马车"拉动，在 2008 年之前进出口起到很重要的作用，投资也是起到很重要的作用。近年来消费对经济增长的贡献不断上升，现在超过了 50% 以上。通过各个省之间的区域系数不难发现，当前区域差距比 1978 年大为好转。但从 2014 年之后，区域差距又小幅度上升。影响城市化发展非常重要的还有基础设施，中国基础设施现在已经实现从基本适应到超前发展的转变。骨干性基础设施基本建成，尤其是高铁在国际上处于世界第一的位置，多层次的城镇交通骨干网络也在加速建设，这些都会对城市化带来影响。

最后一个非常重要的因素就是经济和环境，近些年中国在环境保护方面取得了很大的成绩。2013 年以后中国对于政治治理也取得了非常大的成绩，这些政府行为在整个治理过程中也发生了一些很重要的变化。这些都对城市化产生了很重要的影响。

上述因素对城市化的速度、风险、格局和质量都有什么影响？分析可知，正面影响和负面影响并存。比如经济增长速度和城市化的速度，不会像过去那么高。

二　城市化未来发展趋势

通常来看，中国城市化仍有较大发展空间，但这种发展已经进入减速阶段。通过各种方法来预测中国城市化，无论是到2030年，还是到2040年，又或者是到2050年，城市化还是有比较长的发展阶段，这个发展阶段是减速的阶段。近年来，城市化每年增长速度也是逐步放缓的。

城市化发展的质量得到越来越多关注。传统城市化快速发展过程中积累了大量问题和矛盾，在城市化后期阶段会集中体现出来。城市化进入绿色发展阶段，城市服务业（服务业的比重超过50%）特别是生产性服务业成为城市的集聚焦点，引导城市化发展方向。

城乡发展要素双向流动成为趋势。以前都是从农村向城市流动，现在来看，休闲农业、乡村旅游经济发展还有城中村等都体现出要素向农村流动，今后城市发展可能是双向流动。

地方城市化发展分化成为新的趋势。分析中国区域发展，从空间角度来看，应该有四个维度：第一是宏观的全球经济背景；第二是中国在不同的阶段发展战略不同；第三是国家宏观经济状况；第四是城市和区域政策。比如，20世纪80年代，中国对外开放实际上正处于国际产业转移热潮。当时中国大力发展重工业，对消费品工业重视不足，所以改革开放后，消费品工业快速发展。将这些因素叠加起来，推出沿海地区建设特区的政策，促成了东部沿海地区的快速发展。近年来经济的全球形势有所变化，比如，全球生产改变了一个产品在一个国家生产的模式，复杂的产品现在在全球范围生产。此外，全球经济放缓，特别是贸易比经济增长速度还要慢，近年来贸易保护主义有所抬头，这个大背景跟前些年是不同的。从国家来讲，经济增长速度比原来有所放慢，特别是投资率逐渐下降。这些都会对中国区域发展产生影响。把价值链引入对区域分析框架中，因为一个地区的发展不仅由本省的消费投资和出口决定，实际上其他省的消费可能也会用到本省的消费品，其他省的投资可能也用到本省的投资品。所以在研究一个省的发展时，不能只看到本省的出口和拉动，还要看到其他省的投资消费也会对本省产生影响。

三 研究进展

把直接影响和间接影响合在一起可以将中国的各个省份分为三类：第一类是诸如长三角、珠三角的省份，出口占比较大；第二类是依靠投资拉动的省份，如吉林、黑龙江、湖北、河北；第三类是消费、投资和出口占比较为均匀的省份。从判断整体驱动因素来看，实际上有这样三类，一类靠出口，一类靠投资，还有一类比较均匀。

比较来看，这三个地区参与全球经济价值链的方式不同于京津冀地区。珠三角和长三角地区出口占的比例远超京津冀地区，珠三角地区和长三角地区相似。把京津冀地区和长三角地区做一个比较，可以发现北京和上海在某些方面比较相近。而天津、河北和江苏、浙江比较接近。按照某个行业进行比较，上海跟周边的地区如安徽、江苏联系比较多，而北京跟周边联系不强，联系更多的是江苏和上海。由此可见，京津冀地区的发展协同性亟须加强。

城市群是未来城市发展的重要形态，十九大报告也特别强调以城市群为主体促进大中小城市发展。2020年世界发展报告中有很多新认识，其中一个是介绍不同规模城市在整个经济发展中的作用是不一样的。

通过中国城市数据可以看出，2005年和2006年中国经济从集聚向第二产业转向分散，近年来城市群的产业结构发生较大变化。分行业来看，劳动密集型的产业下降幅度较大，比如长三角地区下降了10多个百分点，珠三角地区也下降很多；技术密集型同样有所下降但下降幅度不大。实际上各个城市群也验证了中国的产业在转移的现象，在转移过程中劳动密集型产业更多转向中西部地区，技术密集型产业不断转型，从比较优势看，京津冀、长三角、珠三角地区在技术密集型产业方面占有较大优势。整体来看，产业转移是非常重要的趋势。但是长三角和珠三角地区在技术密集型产业上仍然有较大优势，中西部城市群在劳动密集型产业上有较强的优势。

最后，研究认为，城市群在城镇功能定位和产业经济发展方面能够促进合作共赢，在公共服务和基础设施体系建设方面能够推动共建共享，在资源开发利用和生态环境方面能够推进统筹协调。

基于 Urbansim 优化提升首都核心
功能的动态模拟研究[*]

—— 以 战 略 性 新 兴 产 业 为 例

张艳芳　刘治彦^{**}

摘　要: 科技创新中心是首都核心功能中新增设的功能, 战略性新兴产业是科技创新中心对应的支撑产业, 优化调整战略性新兴产业的空间布局对提升首都核心功能有重要意义。基于此, 采用 Urbansim 大尺度模型动态　模拟首都 2016~2030 年的战略性新兴产业空间布局, 研究发现首都战略性新兴产业的空间布局存在严重的职住分离问题, 战略性新兴产业主要集聚在主城区的西北部、东部及东南部, 其布局主要受交通成本、支付能力、地价、人口及就业密度等因素影响。疏解首都非核心产业和提升核心产业相结合的政策更

---

* 基金项目: 北京市科技计划课题 "北京发展 2030: 目标选择与路径优化研究" (Z161100003116056)。

** 作者简介: 张艳芳, 河南省商丘市人, 中国社会科学院城市发展与环境研究所博士后, 主要研究方向为城市经济学与城市模拟; 刘治彦, 黑龙江省哈尔滨市人, 中国社会科学院城市发展与环境研究所研究员, 博士生导师, 主要研究方向为城市经济学与城市模拟。

能有效优化战略性新兴产业的空间布局，在此过程中，应积极打造多核模式的战略性新兴产业发展格局，构建具有首都特色的战略性新兴产业群，充分发挥市场和政府对战略性新兴产业的调节作用，全面促进战略性新兴产业区域间的耦合发展。

关键词： 首都核心功能　产业布局　动态模拟　战略性新兴产业

一　引言

首都的核心功能是指北京作为首都承担的"四个中心"功能，即政治中心、文化中心、国际交往中心和科技创新中心，这一城市功能战略定位是习近平总书记2014年视察北京时对北京未来发展提出的基本要求。在四项核心功能中，政治中心、文化中心、国际交往中心一直是首都的核心功能，而科技创新中心的功能定位是首次提出的。这是国家转变首都经济发展方式新的战略部署，目的是将北京打造为创新引领型的示范中心，形成新的高端经济增长极以及世界创新的新引擎。由于产业是功能定位的投影，这一功能定位的调整迫使北京的产业结构必须进行新调整。因此，战略性新兴产业作为科技创新中心功能对应的支撑产业被国家列为首都的重点发展产业。近几年首都的战略性新兴产业快速发展，但其布局存在着集聚度不高、产业重构等较突出的问题，这对于首都构建科技创新中心的功能定位极为不利。这种现象已引起了国家层面的关注，国务院在《"十三五"国家战略性新兴产业发展规划》中明确指出，"十三五"时期我国需加快战略性新兴产业的发展步伐，积极构建现代产业体系，全面营造战略性新兴产业的发展环境，为全面建设小康社会提供有力支撑。按照这一部署，北京也制定了发展新能源、信息技术等战略性新兴产业的专项规划。同时，学术界对战略性新兴产业的发展战略也展开了广泛研究，但是关于如何对战略性新兴产业进行空间布局调整才能有效发挥首都科技创新的优势并提升首都核心功能的研究还不多。基于此，本文以提升首都核心功能为目标，动态模拟战略性新兴产业的空间布局，旨在从优化战略性新兴产业的空间布局角度，分析提升首都核心功能尤其是科技创新核心功能的发展路径。

二　文献综述

近几年，国内外开始从产业增长极、产业集聚、产业扩散、产业结构及功能定位等角度展开对城市产业空间布局优化的研究。其中产业增长极与城市产业空间布局方面的研究认为，城市经济的增长并不是均匀分布的[1~2]，而是以不同强度的点的形式来动态呈现的[3]。因此，城市产业空间布局的优化不仅需要扶持具有主导性质的产业，还需不断培育新的产业增长极体系[4~5]。产业集聚与城市产业空间布局优化的研究是对产业增长极理论的进一步发展，强调产业集聚是产业空间布局优化的"助推器"[6~8]，认为产业集聚与产业空间布局优化之间存在很强的共生性，二者在大多数情况下呈正相关关系[9~11]。但也有研究指出产业集聚与经济增长存在着先促进后抑制的倒"U"型关系[12~13]，说明城市产业空间布局的优化不能仅强调集聚，还需考虑城市产业的扩散[14~15]。于是有关产业扩散与城市产业空间布局优化的研究应运而生，认为产业集聚和产业扩散是城市产业相互交织的整合发展过程[16]，这种整合发展过程是城市产业空间优化的重要动因[17]。为发挥城市的核心作用，一方面可对产业进行区域之间的转移和重配，另一方面可培育特色产业[18~19]。产业结构与城市产业空间布局优化的研究指出，城市产业布局优化是产业结构在地域空间上的投影[16~17]，产业结构调整对产业空间布局优化的影响主要通过物质动因和非物质动因体现出来[20~21]，二者之间呈动态互动关系。随着城市发展，在上述研究基础上的功能定位与城市产业空间布局优化的研究成果逐步得到推广，该方面的研究认为，城市的功能定位是促进城市产业空间布局优化的关键，可明确城市产业空间布局错位发生的产业维度[22~23]，减少核心功能区在经济方面的绝对优势[24]，尊重市场机制对人口的配置规律，缓解城市的过度集聚效应[25]。

国内外关于城市产业空间布局的研究从定性逐步过渡到定量方面，研究的重点从基本理论拓展到空间演化模型、城市空间预测等内容。这些研究为科学布局城市产业链、推动产业结构的空间调整、控制城市产业无序扩张有积极的意义，但目前的研究总体上偏宏观，缺少对城市产业空间布局的微观研究，同时也缺少对城市空间布局优化的动态研究。基于此，本文利用微观城市模拟模型 Urbansim 动态模拟城市的产业空间布局，该模型通过一系列子模型反映家庭、就业的区位布局，为解决大城市病问题、提升首都核心功能的产业空间布局提供具有前瞻性的决策支持。为突出本文的代表性意义，我们选取具备典型城市病特征的首都北京产业空间布局为研究对象，以战略性新兴产业为例展开分析。

三　数据处理方法

本文属于微观模拟的内容，研究数据主要来自普查、抽样调查及统计年鉴数据。其中普查和抽样调查数据主要是人口和居民出行调查方面的数据，年鉴数据主要是我国工业企业数据及北京市统计年鉴数据，交通数据为第五次交通综合调查数据。为了更好地研究产业的空间布局，本次研究使用的是 2006～2020 年间的北京市土地规划数据。

利用这些数据资料以 2010 年为基期建立北京市基础地理数据库，该数据库主要由家庭、就业、建筑、交通四项数据集构成，各种数据集的数据方法参见表 1。

表 1　各种数据集的数据处理方法

数据集	数据处理方法
家庭数据集	提取家庭的户主年龄、收入水平、小汽车数量等基本信息，从家庭总量信息推演出家庭个体的空间及非空间属性
就业数据集	将北京市的就业分为 19 个行业①，根据每个地块的就业量计算出单个就业单元的就业属性
建筑数据集	将建筑分为 22 种类型，根据基准地价图，给定非居住类产业的地价
交通数据集	将每个地块与核心点的最短曼哈顿距离生成距离矩阵

---

①　行业划分标准参考国民经济行业分类及北京市产业实际发展情况，19 个行业分别为批发市场，仓储物流业，一般制造业和污染企业，普通高等学校本科教育职业教育，社会保障和社会福利业，医疗卫生业，市属单位，金融业，信息运输、计算机和软件业，科学研究、技术服务业，战略性新兴产业，文化产业，国际组织，第一产业，第二产业，生产性服务业，生活性服务业，公共性服务业，基础教育。本文仅对战略性新兴产业进行模拟。

四 情景与模型设计

(一) 情景设计

Urbansim 中的城市模拟模型是以情景分析形式展现出来的，这种分析方法打破传统的外推型预测模式，可有效帮助决策者比较不同的政策选择带来的可能结果，通过控制人口和就业总量，展示不同情景的模拟结果，进而使得分析结果具有较强的前瞻性。

本文设计了四种情景模拟，时间跨度均为 2010～2030 年，人口控制方面以 2020 年以后常住人口保持在 2300 万以内为标准。在就业控制方面是四种情景的变量，通过就业量的变动反映产业空间布局的变动，同时就业量的变动也是四种情景设计的分界点。以下是本次动态模拟分析的四种情景模拟基本过程：

第一种模拟情景：假定 2015～2030 年整体就业情况为充分就业，各细分行业按照 2015 年的就业比例保持充分就业时，动态模拟战略性新兴产业的空间布局。

第二种模拟情景：在动态模拟中，主要通过调整四种行业的就业比例来实现首都非核心功能的疏解。批发市场、一般制造和污染业、本科教育和职业教育、仓储物流业是本情景中重点疏解的行业，将这四个行业的就业比例减少65%①，同时在保持战略性新兴产业及

---

① 该比例的计算方式为将基础情景下 2030 年这四种行业的就业量减少 65%，然后逆向模拟四种行业 2016～2030 年的就业变动情况。后面提升情景下 35% 的比例确定原理与此相同。

其他产业就业总量不变的情况下，动态模拟战略性新兴产业的空间布局。

第三种模拟情景：假设提升首都的核心功能需要首先提升首都的核心产业。根据首都北京的城市发展目标和定位，将战略性新兴产业设为首都北京的核心产业，并同时将其他七类产业也划分为首都的核心产业。这七类产业为科学研究、技术服务、计算机服务业、国际组织、文化产业、信息运输、金融业。在这种情景模拟中，将这几类产业的就业人数比例增加35%，同时保持其他产业的就业比例不变，在此基础上模拟战略性新兴产业的空间布局。

第四种模拟情景：将核心产业的就业比例提升35%的同时将非核心产业的就业比例减少65%，模拟战略性新兴产业的产业布局。

（二）模型设计

Urbansim进行产业空间布局的情景模拟时，需要首先构建产业涉及的地价与区位选择模型。其中区位选择模型主要有三种，分别是开发项目区位选择模型、家庭区位选择模型、就业区位选择模型[①]。其次需要通过多元逻辑回归方程对这些模型的具体实现形式进行设计。限于研究主题的选定，这里仅展示战略性新兴产业的模型设计情况。

（1）战略性新兴产业地价模型。在模型的设定过程中，考察与市中心的距离、家庭收入、开发强度、提升类产业就业密度与地价的

---

① 房地产价格模型采用Hedonic价格模型，其他三种模型采用离散选择模型。

关系。模型形式如下：

$$\ln price\ (strategicemerging)\ = \beta0 + \beta1 \times chd\_distance + \beta2 \times \ln avg\_hh\_income\_$$
$$zonal + \beta3 \times \ln inv\_far + \beta4 \times \ln strategicemerging\_job\_density\_zone$$

（2）战略性新兴产业开发项目区位选择模型主要是研究战略性新兴产业的构成因素对战略性新兴产业项目区位选择的影响。其中战略性新兴产业的构成要素主要包括产业地价、产业居民数量、产业的开发潜能、产业的就业密度。模型的因变量是某地块对特定开发项目的效用，具体形式如下。

$$Utility\ (strategicemerging)\ = \beta1 \times \ln avg\_value\_per\_sqft\_strategicemerging + \beta2 \times \ln dev\_$$
$$area\_to\_total\_area\_zonal + \beta3 \times \ln pop\_zone + \beta4 \times \ln strategicemerging\_job\_density\_zone$$

（3）战略性新兴产业家庭区位选择模型。在家庭区位选择模型中，自变量为交通成本、地块价值与居民收入的比率、就业密度等。控制变量为家庭规模、地块住房密度、地块基础教育人数。模型的表现形式如下：

$$Utility\ (h)\ = \beta1 \times inv\_accessibility + \beta2 \times land\_value\_income\_ratio + \beta3 \times$$
$$\ln job\_density\_zone + \beta4 \times \ln per\ son\ s\_sqft\_per\_unit + \beta5\_residential\_units\_$$
$$density\_zone + \beta6\ num\_of\_jichjiaoyu$$

（4）战略性新兴产业就业区位选择模型，是在控制战略性新兴产业虚拟建筑的条件下，考察运输成本、战略性新兴产业就业密度对其就业区位选择的影响。模型的因变量是某区位对特定产业就业岗位的效用，模型的形式为：

$$Utility\ (strategicemerging)\ = \beta1 \times inv\_accessibility + \beta2is\_strategicemerging +$$
$$\beta3 \times \ln strategicemerging\_job\_density\_zone$$

五 结果与分析

(一) 模型的回归结果

四种模型的回归结果参见表 2 至表 5。

表 2　战略性新兴产业地价模型的回归结果

自变量名称	自变量模型标识	回归结果
与市中心的距离	*chd_distance*	− 2. 194 54E − 05 ***
家庭收入	ln*avg_hh_income_zonal*	0. 008 884 2 ***
开发强度	ln*inv_far*	1. 843 26 ***
战略性新兴产业就业密度	ln*strategicemerging_job_density_zone*	0. 092 767 1 ***
常数		8. 681 17
*R*2 调整系数		0. 83
观测区块数		1911

注: *** 表示回归结果在 99% 的置信区间内显著。

表 3　战略性新兴产业开发项目区位选择模型的回归结果

自变量名称	自变量模型标识	置信系数	标准差
战略性新兴产业地价	ln *avg_value_per_sqft_strategicemerging*	− 0. 004 939 55	0. 050 938 7
开发潜力	ln*dev_area_to_total_area_zonal*	0. 022 318 9	0. 079 526
居民人数	ln*pop_zone*	0. 006 554 71	0. 253 739
战略性新兴产业就业密度	ln*strategicemerging_job_density_zone*	− 0. 002 178 39	0. 020 213 6
似然比指数		− 0. 000 6	
观测个体数		1 910	

表4 战略性新兴产业家庭区位选择模型的回归结果

自变量名称	自变量模型标识	回归结果
交通成本	*inv_accessibility*	5.86E − 09 ***
支付能力	*land_value_income_ratio*	− 1.530 49 ***
就业密度	ln*job_density_zone*	− 0.812 083 ***
家庭规模与住宅面积	ln*persons_sqft_per_unit*	0.061 505 9 ***
地均住房套数	ln*residential_units_density_zone*	1.114 8 ***
基础教育数量	*num_of_jichujiaoyu*	0.089 575 2 ***
AIC 信息准则		657 829.216 4
似然比指数		0.122 27
观测个体数		110 177

注：*** 表示回归结果在99%的置信区间内显著。

表5 战略性新兴产业就业区位选择模型的回归结果

自变量名称	自变量模型标识	回归结果
运输成本	*inv_accessibility*	8.32E − 09 ***
战略性新兴产业建筑	*is_strategicemerging*	− 1.80E + 14 ***
战略性新兴产业就业密度	ln*strategicemerging_job_density_zone*	0.356 134 ***
AIC 信息准则		149 855 884.7
似然比指数		− 217.875 968 2
观测个体数		10 065

注：*** 表示回归结果在99%的置信区间内显著。

（二）回归结果的分析

表2表明，与市中心的距离越近，战略性新兴产业的地价越高。家庭收入越高、土地开发强度越高、战略性新兴产业就业密度越大，战略性新兴产业的地价越高。表3表明，战略性新兴产业的开发项目

不仅趋向于选择地价低的地块，而且倾向于选择人口就业密度小的地块。表 4 表明，战略性新兴产业的就业人员在居住地选择时主要受支付能力和交通成本的影响。也就是说，对于战略性新兴产业的就业人员而言，地价越高对住房选择者来说效用越低，居住地离战略性新兴产业的工作地越远的地块对居住者更有效用。受收入和地价的影响，居住者倾向于选择离战略性新兴产业距离远的地块，表明居住者的区位选择有郊区化倾向。表 5 表明，在控制虚拟建筑地块的情况下，运输成本高、就业密度大的地块更容易吸引战略性新兴产业的就业人员，进一步证实了表 4 的结果。

上述回归结果表明，目前首都北京的战略性新兴产业存在一定程度的职住分离现象，很大一部分集中在首都功能核心区的位置。为优化提升首都的核心功能，政府需要制定一定的政策来引导战略性新兴产业的空间布局，综合考虑家庭收入、土地开发强度、就业密度、地价、开发潜力、人口密度等指标，其中运输成本、支付能力、就业密度、人口密度应予以特别关注。为此，我们从这些角度出发动态模拟 2015～2030 年四种已设定情景模式下战略性新兴产业的空间布局。

（三）模拟结果的分析

从具体模拟情景来看，如果不对战略性新兴产业做调整，2030年战略性新兴产业的人口和就业主要分布在首都功能拓展区圈层的西北部、东北部及首都城市发展新区圈层的东南部。具体而言，战略性新兴产业主要集中在海淀区、昌平区、顺义区、通州区、大兴区周边，不利于发挥该产业与其他产业的联动效应。如果对首都的非核心功能产业进行疏解，一旦战略性新兴产业的空间稍有变化，生态涵养区圈层西北部的就业人员就会明显增多，首都城市发展新区圈层北部的就业密度会略微降低，其他区位的就业密度基本不发生变化。如果对首都的核心功能产业进行提升，提高核心产业的就业比例，战略性新兴产业的空间布局将发生明显变化。如果生态涵养区圈层西北部的就业密度大幅度降低，一部分就业将向东南部转移。随着东南部就业密度的增加，首都城市发展新区圈层北部集聚的战略性新兴产业人口密度也随之降低，首都核心功能区战略性新兴产业的就业密度也会明显降低，表明优化首都核心功能产业可以明显推动战略性新兴产业的空间布局。如果将疏解首都非核心功能产业和提升核心功能产业的情景结合在一起，可以看到首都战略性新兴产业的空间布局将在第三种模拟情景的基础上得到进一步优化，原来东南部一直是战略性新兴产业人口和就业集聚的现象得到缓解，城市发展新区的人口和就业逐步呈现均衡分布的格局，生态涵养区圈层西北部的人口和就业密度又再度得到提升，其他区位的战略性新兴产业的人口和就业密度相对前三种模拟情景均有所降低，且人口总规模有所下降，符合首都发展规划的要求。

从整体情景模拟的结果来看，未来首都战略性新兴产业的空间布局离不开政府政策的适度引导，政府引导下不同的布局政策使战略性新兴产业的空间布局呈现不同的发展模式，疏解和提升相结合的政策使得战略性新兴产业过于集中的现象得到缓解，并产生新的发展中心。首先，从首都战略性新兴产业未来发展方向看，政府需要进一步加大支持以能源、生物、信息、新材料等具备节能环保特点的战略性新兴产业，培育发展新的战略性新兴产业增长极，通过关键点的突破带动战略性新兴产业整体能力的提升。其次，政府需要进一步疏解首都的非核心功能产业，为战略性新兴产业提供更多的发展空间，打造具有世界竞争力的战略性新兴产业集聚区，依托现有的产业基础发展具有特色优势的战略性新兴产业，促进与京津冀产业的协同发展，实现首都战略性新兴产业的全面布局。

六　结论与对策建议

（一）结论

目前，首都北京的大城市病问题日益严重，交通、土地、人口、水资源的承载力严重不足，主要原因在于北京集聚了过多的非首都功能，没有统筹好空间、城市规模等问题，缺乏科学有效的产业空间布局顶层发展战略。科技创新中心是首都新增设的核心功能，战略性新兴产业是科技创新中心核心功能的支撑产业，调整其产业布局不仅可以有效缓解当前首都日益严重的城市病问题、引领首都北京朝低碳生态方向发展，而且有助于优化提升首都的核心功能。本次研究通过对首都北京战略性新兴产业的模型回归和情景模拟，发现首都战略性新兴产业的区位选择受地价、家庭收入、运输成本、支付能力、开发潜力等多种因素影响，对其进行空间调整需要考虑产业园区集聚、结构分散的布局导向等因素，并进一步得出以下结论：

1. 首都战略性新兴产业存在明显的职住分离现象

首都战略性新兴产业的空间布局主要分布在功能核心区周边，

而家庭区位却有明显的郊区化倾向，从而使得首都战略性新兴产业的职住非均衡矛盾非常突出。优化首都战略性新兴产业的空间布局，需要考虑缓解这一矛盾的对策，构建新的集聚中心，适度缩短战略性新兴产业居住与就业的距离。

2. 主城区西北部战略性新兴产业的空间集聚现象明显

从四种情景模拟结果可以看出，首都战略性新兴产业有明显的集聚中心，主城区西北部在四种模拟情景下一直是首都战略性新兴产业人口和就业的集聚中心。这些集聚中心承载了首都战略性新兴产业的发展空间，在价值链、知识链等因素的影响下，以智能化、动态化实现战略性新兴产业的平衡发展。目前该区域主要集中了生物制药、电子信息、数字化制造等产业，具有首都战略性新兴产业的特色，是进一步发展首都战略性新兴产业主导产业的重点领域。

3. 战略性新兴产业在主城区东南部的集聚现象将会减轻

主城区东南部在模拟情景四的环境中集聚中心的区域明显变小，表明在疏解和提升并举的情况下，该区域的集聚作用将会减弱，被疏解的产业将会向其他区域转移，同时也说明该区域是首都战略性新兴产业进一步疏解的方向。该区域集聚的高端制造业可适度向津冀方向转移，以此促进京津冀战略性新兴产业的协同发展，体现京津冀产业的联动效应。

4. 首都战略性新兴产业的空间布局优化离不开政策的引导

本文的模拟过程是假定市场有效配置资源和政府实施不同产业

政策的情况下，首都战略性新兴产业空间布局发生的动态变化过程。四种不同的情景模拟使首都的人口和就业密度发生了不同程度的变化，表明政府的引导可以调整首都战略性新兴产业的空间布局。因此，解决首都日益严重的大城市病，需要政府充分发挥调节作用，对产业（不仅仅是战略性新兴产业）空间布局进行优化。但是目前政府对产业空间布局的政策过于宏观，战略性新兴产业空间的合理优化还需要政府出台更精细化的政策。

5. 疏解和提升的政策可有效优化战略性新兴产业的空间布局

刘治彦[26]指出，首都当前的城市发展面临疏解非核心功能问题，因为目前的产业结构已经产生了诸多的负效应。本文研究的结果也表明，优化提升首都的核心功能，疏解非核心产业是关键。模拟情景二结果显示，疏解非核心产业可为战略性新兴产业提供更多的发展空间，但是仅疏解非核心功能并不能有效降低战略性新兴产业的人口和就业密度。而疏解和提升并用的复合模拟情景表明，这种政策一方面可明显降低战略性新兴产业的人口和就业密度，另一方面也可使战略性新兴产业的空间布局优化，使原本主城区过于集聚的产业布局局面得到缓解，还可形成新的战略性新兴产业集聚中心，带动其他产业的协同发展。

（二）对策建议

1. 积极打造多核模式的战略性新兴产业发展格局

模型回归和情景模拟的结果均显示，战略性新兴产业的职住分离问题十分突出，解决该问题的有效对策是积极打造多核模式的战略性新兴产业，综合考虑地价、开发强度、交通成本和居住者的支付能力等因素，构建多个战略性新兴产业的集聚中心，形成战略性新兴产业发展的多核模式。

2. 着力构建具有首都特色的战略性新兴产业群

虽然首都战略性新兴产业的集聚效应明显，但是产业布局的趋同性也比较突出。从优化提升首都核心功能的角度来看，完善首都战略性新兴产业的空间布局，需要将产业集群的理论应用其中，首先按照产业关联度构建不同类型的集聚区，其次构建具有区域特点的产业群，且按照各区域的核心优势发展具有区域特色高端、高效、高辐射作用的战略性新兴产业。例如在主城区的西北部，可考虑发展以新兴信息产业为特色的战略性新兴产业。因为该区域一方面有一定的发展基础，另一方面随着中关村大数据的兴起，在云计算、互联网金融、智慧交通、芯片研制方面具备优势。在主城区的东南部，可考虑建立高端智能制造、节能环保制造等相关的战略性新兴产业群。因为随着高新技术工业园区的兴起，该区域具备在生产方面的特定优势。

3. 充分发挥市场和政府对战略性新兴产业的调节作用

政府对战略性新兴产业的政策调节对优化战略性新兴产业的空间布局有正向作用，可有效避免战略性新兴产业的竞争，促进战略性新兴产业的有序转移，但是战略性新兴产业的有序转移仍离不开市场的调节作用。市场的资源配置作用可以有效减少产业空间布局的趋同化，同时促进战略性新兴产业灵活、高效、合理地转移。二者结合起来调节战略性新兴产业的布局，不仅可以有效提高战略性新兴产业的产出率，而且有助于战略性新兴产业结构合理调整，进而推动战略性新兴产业的高效运转。

4. 全面促进战略性新兴产业区域间的耦合发展

优化提升首都的核心功能，不仅强调单一产业的发展，还需借助产业的耦合作用协同发展与此相关的其他产业。具体而言，根据各空间的资源禀赋特征，结合京津冀协同发展规划和雄安新区规划，将首都战略性新兴产业适度疏解到首都各功能区的同时，考虑向津冀、雄安等区域扩散，发展各具特色、优势互补的产业群，增强各区域间产业耦合的协调度，构建产业耦合发展的机制。刘治彦[27]提出首都的发展需要通过京津冀一体化的模式解决当前的"城市病"问题，强调京津冀环首都经济圈不仅可有效缓解首都的人口压力，而且有助于承载首都的非核心功能。按照这一思路，在带动其他区域协同发展的同时，应大力提升首都战略性新兴产业的技术创新能力，增强核心技术的研发能力，加大政府对产业技术创新的扶持力度，构建产学研相结合的科技创新体制，共同推动首都核心功能的优化。

参考文献

[1] JÓZSEF BENEDEK. The role of urban growth poles in re-gional policy: the Roma-nian case [J]. Procedia – social and be-havioral sciences, 2016 (223): 285 – 290.

[2] RAMONA CAMELIA BERE, IOANA BUCERZAN PRE-CUP, CÂTÂLIN

IONU　SILVESTRU. On growth poles from EU countries in the framework of Europe 2020 ［J］. Pro-cedia economics and finance，2015（23）：920 – 925.

［3］ VASILE ALECSANDRU STRAT，CRISTIAN STEFAN. The growth poles and the lagging regions of romania – a county level approach for 2015 ［J］. Management & marketing，2017，（3）：3 – 5.

［4］ 柯善咨：《中国城市与区域经济增长的扩散回流与市场区效应》，《经济研究》 2009 年第 8 期，第 85 ~ 98 页。

［5］ 蔡之兵：《产业匹配容易度、城市产业结构与增长极效应差异——以京沪与周边 区域发展关系为例》，《首都经济贸易大学学报》2018 年第 2 期，第 83 ~ 91 页。

［6］ THOMAS BRENNER. Identification of local industrial clus-ters in Germany ［J］. Re-gional studies，2006（9）：991 – 1004.

［7］ 刘修岩、何玉梅：《集聚经济、要素禀赋与产业的空间分布：来自中国制造业的 证据》，《产业经济研究》2011 年第 3 期，第 10 ~ 19 页。

［8］ 陈国亮、陈建军：《产业关联、空间地理与二三产业共同集聚——来自中国 212 个城市的经验考察》，《管理世界》2012 年第 4 期，第 82 ~ 100 页。

［9］ FABIO CERINA，FRANCESCO MUREDDU. Is agglomera-tion really good for growth? global efficiency，interregional equity and uneven growth ［J］. Journal of ur-ban economics，2014（84）：9 – 22.

［10］ MORI T，SMITH T. On the spatial scale of industrial ag-glomerations ［C］. Europe-an regional science association con-ference papers，2015.

［11］ STEPHEN B BILLINGS，ERIK B JOHNSON. Agglomera-tion within an urban area ［J］. Journal of urban economics，2016（91）：13 – 25.

［12］ MATTHIAS DUSCHL，TOBIAS SCHOLL，THOMAS BRENNER，DENNIS LUXEN，FALK RASCHKE. Indus-try – specific firm growth and agglomeration ［J］. Regional studies，2015（11）：1822 – 1839.

［13］ 徐文娟、钟立新：《基于空间变换的产业集聚计量模型及实证检验》，《统计与 决策》2015 年第 15 期，第 131 ~ 134 页。

[14] 李佳洺、张文忠、李业锦、杨勋凤、余建辉：《基于微观企业数据的产业空间集聚特征分析——以杭州市区为例》，《地理研究》2016 年第 1 期，第 95 ~ 107 页。

[15] 张雪芹：《谈战略性新兴产业在资源型地区产业集聚区内的集聚发展》，《商业经济研究》2018 年第 6 期，第 187 ~ 189 页。

[16] MICHIEL VAN DIJK, ADAM SZIRMAI. Industrial policy and technology diffusion：evidence from paper making ma-chinery in Indonesia［J］. World development, 2006（12）：2137 - 2152.

[17] PAUL DEWICK, KEN GREEN, TOBY FLEETWOOD, MARCELA MI-OZZO. Modelling creative destruction：tech-nological diffusion and industrial structure change to 2050［J］. Technological forecasting & social change, 2006（9）：1084 - 1106.

[18] 张文武：《中国产业转移与扩散的测度与趋势研究》，《统计与决策》2013 年第 13 期，第 109 ~ 111 页。

[19] THOMAS LAUERMANN, BENJAMIN FRÖHLICH, GISO HAHN, BARBA-RA TERHEIDEN. Diffusion - based model of local Al back surface field formation for industrial pas-sivated emitter and rear cell solar cells［J］. Progress in photo-voltaics：research and applications, 2015（1）：10 - 18.

[20] MAURICE J G B, ABDERRAHMAN EL MAKHLOUFI. Dynamic externalities, local industrial structure and eco-nomic development：panel data evidence for Morocco［J］. Re-gional studies, 2007（6）：231 - 251.

[21] 沈玉芳：《产业结构演进与城镇空间结构的对应关系和影响要素》，《世界地理研究》2008 年第 4 期，第 17 ~ 25 页。

[22] 王咏笑、敬东、袁樵：《上海市以功能布局优化带动空间布局优化的研究——从产业空间分布的视角》，《城市规划学刊》2015 年第 3 期，第 94 ~ 100 页。

[23] SKIRMANTE MOZURIUNAITE. Technological factors de-termining transformation of urban functions in Lithuanian cities［J］. Procedia engineering, 2016（161）：

1899 – 1903.

[24] SVEN VANDERHAEGEN, FRANK CANTERS. Mapping urban form and function at city block level using spatial metrics [J]. Landscape and urban planning, 2017 (167)：399 – 409.

[25] 刘嘉毅、陈玉萍：《产业结构合理化、高级化与城市空间扩展》，《华东经济管理》2018 年第 4 期，第 32 ~ 38 页。

[26] 刘治彦：《国家中心城市怎样引领区域发展》，《人民论坛》2017 年第 20 期，第 50 ~ 51 页。

[27] 刘治彦：《以产业链分工促进京津冀一体化》，《中国国情国力》2014 年第 11 期，第 45 ~ 46 页。

国外城市更新理论研究的演进、评述、趋势与借鉴

高国力　　申现杰*

　　摘　要：中文语境下的城市更新具有不同的英文意涵，囊括了欧美不同阶段城市更新的主要内容。总体来看，西方城市更新研究已经从单一层面走向了综合与多元化，城市更新理论演进的每一个阶段城市更新都深深烙上时代的印痕，但众多且碎片化的文献和研究关注点使得西方城市更新理论缺乏独特而系统的理论支撑，更多的是城市更新时代思潮与实践的归纳总结，是不同时代的主流思想理论的再现。通过梳理国外文献与国内对国外文献的综述，本文认为城市更新与城市转型关系、绅士化、社区参与、创意创新与城市更新、城市更新理论应用等方面正日益成为国外城市更新研究的重点领域。结合国外城市更新理论实践进程与国内城市更新需要，本文认为我国的城市更新应注重多元化目标，强调对资本的约束，提升包容性增长能力，并突出新经济与新动能。

---

　　*　高国力，国家发展改革委国土开发与地区经济研究所所长、研究员；申现杰，国家发展改革委经济研究所助理研究员。

关键词：城市更新　城市重建　城市再开发　城市再生　城市复兴

城市更新的提出源自工业革命下产业扩张与转移，有着悠久的历史。当代城市更新的提出主要基于西方发达资本主义国家城市空间郊区化与全球化背景下的城市产业转型而产生的城市经济社会等方面问题。自 20 世纪 50 年代以来，伴随着城市更新主要内容的不断变化，城市更新研究的重点已经从早期的单纯物质形式的更新转向城市经济社会形态等方面的综合性研究。伴随着产业转型的不断加快，城市更新始终处于新的演进过程之中，并推动城市更新领域中新的研究趋向的产生。改革开放以来，我国城市也开始随着产业不断升级而产生了对部分空间进行更新的要求，一些城市已经设立了专门的城市更新部门。尽管我国所处的发展阶段与西方不同，但分析借鉴西方城市更新研究成果对当下我国的城市更新进程具有积极意义，有助于为当前我国超大型中心城市和老工业基地的转型发展提供经验借鉴。本文共分为五个部分，第一部分重点介绍中文城市更新一词与不同英文单词之间意涵的区别，第二部分着重介绍 50 年代以来西方城市更新理论及其指导下的实践进展，第三部分对国外城市更新研究理论文献进行总体评述，第四部分借用国外与国内学者开展的国外文献综述分析西方当前城市更新研究关注的重点领域，第五部分分析指出了国外城市更新理论实践研究对我国城市更新的经验借鉴。

一　城市更新的中英文意涵

国内文献所称的"城市更新"一词尽管英文直译为"urban renewal"，但并非英文"urban renewal"一词的含义。其概念则包含了英文文献研究中的"urban reconstruction""urban revitalization""urban renewal""urban redevelopment""urban regeneration""urban renaissance"等词语的含义，涉及城市物质与非物质方面的优化、调整、改造等多个方面的内容。从英文自身的解释来看，"urban reconstruction"主要的含义为城市在物理上的重建①。"urban revitalization"指的是城市重新恢复活力②。"urban renewal"主要指的是对城市贫民窟的清理、重建与再开发③。"urban redevelopment"指的是通过更新行为所引发的城市功能的提升④。"urban regeneration"重点侧重物理、精神和结构上的更新重塑。"urban renaissance"侧重于艺术与文化领域的复兴⑤。

"urban renewal"（城市更新）在西方文献中主要指内城区房屋的重建改造等，而该词在非英语国家，则泛指与城市再开发相关的各种活动，基本涵盖了英美各阶段城市再开发的重点。本文认为，中国语境下的城市更新等同于英文语境下的城市再生与城市复兴，包含了多个阶段西方城市更新的主要内容，是解决经济和就业、经济竞争力、社会排斥、社区问题、社会问题、土地和财产需求、环境质量

① urban reconstruction 的英文解释为：the activity of constructing something again。

② urban revitalization 的英文解释为：bringing again into activity and prominence。

③ urban renewal 的英文解释为：the clearing and rebuilding and redevelopment of urban slums。

④ urban redevelopment 的英文含义为：the act of improving by renewing and restoring。

⑤ urban renaissance 的英文含义为：the revival of art and literature under the influence of classical models in the 14th – 16th centuries.

和可持续发展问题的一种方式（Turok，2004，Keles，2003，Roberts，2000），城市更新意味着一种协调行动，使城市物质结构（适应现代化）的改善与城市经济和社会发展状况的改善进行有机的结合（Piotr Lorens，2008）。

二 欧美城市更新的理论与实践进程

城市更新是为解决城市问题而发展起来的方法和活动。在其发展的各个阶段，深受各个时期西方主导理论思想的影响，将不同的目标作为城市更新的优先选项。罗伯茨（Roberts，2000）将20世纪50年代至90年代的城市更新主题进行了分类。在20世纪50年代，城市更新的主要主题是根据总体规划和郊区发展，重建和扩展旧区和城镇。20世纪60年代，在继续延续50年代城市更新的主题下，一些复原的尝试开始进行。20世纪70年代，城市更新专注于原地更新和邻里计划。20世纪80年代，城市更新重点关注旗舰项目，力图通过大型项目开发来重振城市经济竞争力。20世纪90年代，城市更新采用可持续发展理念（又称城市再生），强调全面政策和综合行动的重要性。20世纪末到21世纪初期，伴随着高科技和创意产业的融合，创新阶层的崛起使得城市更新开始关注文化复兴，致力于开放空间与创新文化的塑造，以为创新经济提供必要的发展空间。

（一）20世纪50~60年代：凯恩斯主义下由物质上的形体主义向人本主义过渡的城市更新理论与实践

20世纪30年代大萧条之后，凯恩斯主义理论成为主导整个西方国家的主流经济学思想。反映在城市更新上，形成了以政府为主导、以公共财政为基础的空间投资需求拉动模式，致力于将经济振兴作为旧城空间经济社会问题的解决手段。在凯恩斯经济思想的指导下，城市更新在具体实践上经历了形体主义和人本主义两个阶段。在形体主义思想指导下，城市更新主要着重于物质环境的更新，推倒式的重建成为典型的城市更新手段。到了60年代，伴随着内城的物质衰败，越来越严重的贫困、失业等社区问题，政府在进行城市物质环境改善的同时，开始不得不从人本的角度关注社区振兴问题。

"二战"以后至50年代这一时期的城市更新实践主要受形体规划理论的影响。形体规划理论倾向于把城市看作一个静止的事物，寄望于建筑师和规划师绘制的宏大规划，试图通过技术和资本来解决城市中的所有问题，实现诗意般的理想城市模式（方可，1998）。其中最具代表性的有奥柯布西埃的光辉城市，芝加哥的城市美化运动以及国际现代建筑协会的功能主义思想等。这些形体主义理论主张通过大规模改造，使分区功能纯化；通过预先规划和大规模拆建，将旧城混杂的布局改成结构清晰、分区明确、交通便捷的"新城"（朱启勋，1982；转引自：阳建强，2012）。反映在实践上，以改善住房和生活条件为目标，对内城区土地进行置换，通过清理贫民窟、大规模推倒重建、土地置换以及通过"国际化"高楼等美化城市景观行为来实现城市中心区的经济繁荣。在实践效果上，中心城区的繁荣和贫民窟的清理，抬高了中心城区的物价，助长了城市向郊区的空间蔓延，也使得中心城区出现了治安、交通等方面的一系列问题。大量被迫从中心城区迁移出来的低收入居民又不得不在内城边缘地带形成新的贫民窟。因此，战后的重建行为并没有取得既有的目标，只是将贫民窟从一处转移到了另一处，更为糟糕的是它消灭了原本存在的邻里和社会，并加剧了内城的逐步衰败。

大规模城市改造的失败促使城市研究学者们开始对形体主义的城市更新模式进行批判，进而产生了城市更新的人本主义理论①。人本主义角度的城市更新理论在微观层面要求宜人的空间尺度是城市设计的主要内涵和对人生理、心理的尊重；中观层面上强调具有强烈归属感的社区设计、创造融洽的邻里环境；在宏观层次上则要求合理的交通组织、适度的城市规模和有机的城市更新。反映在城市更新政策实践上，与50年代清除破败建筑与提升城市物质形象相比，该阶段提出城市更新应以内城复兴、社会福利改善及物质环境更新为目标，强调被改造社区的原居民能够享受到城市更新带来的社会福利和公共服务，城市经济振兴被看作解决城市贫困、就业和冲突

---

① 迈克尔·杨和彼得·威尔莫特（1957）针对战后的英国城市更新指出，"外观凌乱的贫民窟，就其社会层面而言，却是一个良好的组织严密的社区"。而规划师们只关注物质环境却忽视了住宅重建的社会因素，忽视了人们赖以生存的非物质的社会环境；提出"对于住宅重建地区，尽可能将原有的社会群体整体搬迁，尤其是大家庭，以及希望加入的人们，这种做法可能会更好"（泰勒，2006）。芒福德（1961）指出，清除贫民窟、建立示范住房、城市建筑装饰、郊区的扩大的"城市更新"只是表面上换上一种新的形式，实际上继续进行着同样无目的的集中并破坏有机机能，结果又需治疗挽救。城市建设和改造应当符合"人的尺度"，而不是那种追求巨大和宏伟的巴洛克式的城市改造计划。雅各布斯（1961）认为指导现代城市更新运动的那些形体规划思想实际上都是反城市的，大规模计划只能使建筑师、政客和地产商们血液澎湃，而广大群众则总是成为牺牲品。

的根本性措施。这一时期，尽管郊区化趋势依然显著，但一批中产阶级家庭开始自发地从郊区又回迁到城市中心区，与低收入居民比邻而居。

凯恩斯主义下的城市更新为城市造成了巨大的财政压力。从城市更新的投入来看，这一时期城市更新的资金来源主要是来自中央政府公共部门的投资，地方政府进行补充，私人资本投资的规模和占比并不高。巨大的城市更新工程耗资巨大，所需公共资金均来自向企业和个人的征税活动。因此，开展城市更新的欧美城市的税收往往远高于其他地区。1970年，美国城市平均每人税收高出邻近郊区40%。重税政策迫使一些制造企业进一步从城市迁出，致使城市经济遭到重创。此外，由于大规模推倒重建要求前期一次性大的投入，城市更新耗资巨大。六七十年代的城市更新花去了数千亿美元，使得城市财政难以承受。纽约市城市更新在1974年仅短期贷款就达53亿美元，市政当局因此弄得债台高筑、负债累累，市政府因无力偿还而宣布财政破产，更新引起的城市危机是联邦政府始料未及的（蔡绍洪、许和平，2007）。

（二）20世纪70~80年代：新自由主义思想为核心的侧重以"旗舰工程"推进再开发的城市更新理论与实践

石油危机之后，面对政府财力的疲弱，新自由主义开始盛行并主导了城市更新实践。随着全球产业结构调整的加速，国家城市政策从福利问题转向经济发展，城市间竞争加剧导致私人投资增多，地方政府权力和资源日益受到严格限制，以及新自由主义的兴起，许多城市发展公司和地方当局试图将发展旗舰工程作为地方经济发展的重要工具和确保衰落的城市物质再生的手段。

大型旗舰项目以新自由主义思想为支撑，以"旗舰"（flagship）工程①为标志，开始强调私人部门和部分特殊部门的参与，培育合作伙伴，以私人投资为主，社区自助式开发，政府有选择地介入；空间开发集中在地方的重点项目上；大部分为置换开发项目，对环境问题的关注更加广泛。它强调私营部门在振兴城市萧条地区中的重要性，指出与私人部门相比，公共部门在创造财富与"权利"条件方面已经居于次要位置（Barnekov et al.，1989；Loftman，1992）。实施大型旗舰项目的目标是鼓励投资和改变商业决策者和/或来自外地的特别是外国游客的看法，以增加本地的经济活动和财富。此外，在就业和财富创造方面，大型旗舰项目将会对整个城市或区域带来额外的附带收益（直接或间接）。这种通过大型旗舰项目推动城市复兴的方法被称为"声望工程模式"（Loftman&Nevin，1994）。在政策和决策者"没有大型旗舰项目的城市没有再生战略"的背景下，城市重建成为城市地区实体经济复兴的同义词，通过旧城改造使其对房地产开发商和私人投资者具有吸引力成为城市政策的目标方向。对于以旗舰工程推进城市再开发的效果，学者们的认识并不统一，支持

① 将旗舰或声望项目定义为开拓创新的、高调的、大规模的、自给自足的发展的工程，此定义的主要依据是声望项目具有吸引外来投资、创造和推广新的城市形象的能力，并作为再生的辐射中心，促进附近地区土地价值和发展活动的增加（Bianchini et al.，1992；Loftman&Nevin，1992；Smyth，1994）。因此，声望的发展主要关注于"增长的利用和创造"（Smyth，1994，第34页）。然而，在这种情况下，声望的发展不需要将自己作为盈利的实体来运作，因为人们认为声望刺激着更大更广泛的经济活动（Smyth，1994）。

者认为大型旗舰项目是实现衰落的城市地区或以前被忽视部分的物质转化的有效机制，许多美国城市的市中心因为大型旗舰项目发生了"惊人"的转变（Smyth，1994）。而反对者则认为大型旗舰项目往往局限于私人部门投资的盈利（或潜在盈利）地点，而不是处于拥有相对较多的弱势群体和少数可识别的发展机会的地区。

（三）20 世纪 90 年代：以可持续发展思想为核心侧重再生的城市更新理论与实践

90 年代的"城市更新"理论是在全球可持续发展理念的影响下形成的，城市更新被看作实现可持续性的一种方式（因为这是一种形式或重复利用非常宝贵的资源——即自由的、未开发的空间）（van Vliet、Gade，2000，p. 310）。在 3R 理论（Reduce、Reuse、Recycle）下，可持续的城市更新可以定义为：城市更新过程中要体现"减少"，即减少资源的过度消耗，同时减轻快速消费的负面影响；城市更新应强调"再利用"，即对现有建筑物进行潜在的多功能使用，而不是进行重大改造；城市更新应注重"回收"，指振兴功能失调的建筑物或地方使之符合其他的功能用途。可持续的城市更新重点在于构建一个可操作的路径和评估体系。综合城市更新评估、利益相关者和规划系统是实现可持续城市更新的一个有效路径。Baranowski（2001，p. 88-89）提出了"小心管理资源（包括非都市化的空间）""尽量减少职能和空间冲突""促进混合土地用途""结合土地用途的互补类型""界定城市发展方向与环境有关""塑造城市及其各部分的身份"六项城市更新的可持续原则。

在城市可持续更新文献中，建筑文化遗产具有提高居民生活质量、促进社会融合和营造城市名片的潜力，是社会可持续发展的重要组成部分。建筑遗产的可持续更新可以延长其生命周期，减少能源消耗和碳排放，以及避免由于拆除带来的浪费。在环境可持续发展上，美国的策略是让绿地匮乏的衰落社区变得更加绿色和生态。然而，可持续的城市更新并不是让城市变得"仅仅足够绿色"。社区绿化策略推动绿色绅士化的出现，在社区变得更绿色时，也变得"更富裕和更白"，即中高收入阶层取代原有的社区低收入居民，白色人取代其他有色人种。这一考虑环境公平的城市绿化策略可能衍生其他城市问题，如绅士化和原有贫困居民的流离失所等。因而，在城市更新策略中应同时兼顾经济、社会和环境可持续发展。"城市挑战"、专项再生预算、"城市规划行动"和"城市恢复活动区"等政策应运而生，曼彻斯特与伯明翰滨水空间的整治与再利用以及鲁贝市的"重新塑造城市公共空间"旧城改造计划更成为这一时期城市再生实践的突出代表。

（四）进入 21 世纪：以文化复兴思想为核心侧重复兴的城市更新理论与实践

进入 21 世纪，艺术、文化和娱乐、教育、医疗服务与旅游业等新部门领域开始取代金融业在城市中的地位。高科技与创意产业的融合将创造新的产业与部门：如多媒体、教育和娱乐的新结合，虚拟现实的数字化产业等（霍尔，2001）。产业的每一次升级都对城市空间产生新的需求，在创新经济的驱动下，在创新经济领域工作的人称为创新阶层（佛罗里达，2004），其创意主要选择传统的城市空间来定位自己。霍尔（2001）认为原因在于创造性活动依赖于交流、网络和活力，而这些很容易在传统城市地区实现。城市更新于是进入以文化复兴为主题的新发展阶段。

Zukins S（1996）强调新中产阶级的消费需求和生活方式推动了城市转型和城市更新的文化转向。新中产阶级的艺术性审美情趣与消费需求激发了众多城市以形象塑造和符号经济为目标的城市更新项目的广泛流行，形成了城市形象再现和文化主导的城市更新。该种理论强调，建筑必须满足人们两个方面的基本需求，即人与自然融合交流的要求和人与人之间沟通交流的要求；同时，要保持和延续城市的历史和文脉，让城市成为"有故事的建筑空间"。《英国城市文化对再生的贡献》（2004）认为有三种不同的文化与城市再生有关系。这三种关系是：文化引导的再生，即文化活动是"再生的催化剂和引擎"；文化再生，即文化活动"完全融入区域战略，与环境、社会和经济领域的其他活动一起"；文化和再生，即文化活动是大局的一部分，但并不是规划或发展过程的一部分。文化主要从三个方面影响城市更新：即标志性建筑和文化城市，文化区和集群，以及文化活力。反映在实践上，欧洲的传统中心城市以提升城市竞争力、应对激烈的全球竞争和实现可持续发展、还原社区的功能为目标，希望通过可持续的社区文化和前瞻性的城市规划来恢复旧有城市的人文性，借由整合现代生活的诸多要素来再造城市社区活力，同时保持和延续城市的历史和文脉。于是伦敦、巴黎进一步扩大了对文化领域的投入，英国老工业城市格拉斯哥更是通过升级更新城市文化设施来改变城市的面貌。

值得一提的是城市更新上的新马克思主义理论，该理论兴起于20世纪70年代中后期，强调从资本运作的逻辑来审视不同阶段的城市更新进程，尽管没有成为主导城市更新进程的理论，但其在对资本主义城市更新的批判上取得了较大的影响。在新马克思主义观点开来，凯恩斯主义的城市更新本质是需求引导，战后旧城更新的主要目的在于保障工业资本的复苏与积累，清除贫民窟，以达到促进经济增长的目的，其本质上是资本第一循环回路的延伸，而形式上以大规模物质空间更新为主。公众对于更新开发的意见很难得到政府的有效回馈，仅是象征性参与。20 世纪五六十年代的英国城市更新基本上是由政府主导、以公共财政为基础、以旧城空间缓解为目标、带有凯恩斯主义色彩的空间投资行为。最终一方面导致了后期的财政危机；一方面旧城空间沦为资本空间生产的工具，成为资本次级循环回路的逐利场。城市更新的实效，并未让下层内城社区居民感受到"涓滴效应"的存在，相反却因为"溢出效应"被排挤到新的边缘地带。20 世纪 80 年代的城市更新中的"旗舰项目"模式，以及 90 年代以来城市在生活方式、高雅文化、时尚等领域突出强化其创新性和创造性，是全球城市区域之间围绕获取资本盈余竞争日趋激烈的表现。其实质是通过资本联盟支持文化、创新、生态等方面的投资以及与此相关联的大范围的城市服务的投资，进入资本的第三次循环，提升生产的供给能力和质量来推动资本从收入循环中获取盈余。像纽约、洛杉矶、伦敦、巴黎和罗马这样的城市，其生存在很大程度上依赖于它们在文化霸权以及全球收入循环消减的国际竞争中所处的相对位置，它突出了生产和技术革新的场所与指挥功能，希望强化生存于其中的垄断权力来实现在剩余价值获取领域的垄断利润，与以往的将城市作为炫耀性消费和文化创新中心之间存在反差。

三　国外城市更新研究评述

从国外城市更新的研究文献来看，城市更新在不同的国家、不同的历史时期侧重点均不相同，多数文献都是基于具体案例的分析归纳和总结，纯理论性的、带有一般性特征分析的文献尚不多见。在城市更新的具体研究上，涉及的学科门类也相对较多，如社会学、经济学、城市规划学、人文地理学、政治学、行政学等诸领域，缺乏能够进行总体概括和总结的一般性理论。通过对国内外城市更新文献的分析，国外城市更新的研究文献主要呈现以下几个特征。

（一）国外城市更新的研究尚缺乏独特而系统性的理论支撑

从国外研究城市更新的理论文献来看，不同时代的城市更新实践深深受到当时主导理论的影响，是当时主导理论的重要产物。"二战"以后的凯恩斯宏观经济理论占据主导地位，推动城市更新进程便成为实现政府投资来带动经济增长、缓解就业压力的重要体现，政府成为城市更新投资的主体。受制于70年代经济危机的影响，70年代中期之后新自由主义的经济理论居于主导地位，在城市有限的财政下，城市更新开始受其影响重视公私伙伴关系的塑造，重视发挥私人资本在城市更新中的作用。90年代以来，受制于全球化下的城市竞争，为了提升城市对高端要素的集聚能力，可持续发展和人文复兴理论开始主导西方城市更新的实践。尽管在城市更新的发展进程中，众多文献分别对城市更新中的具体问题进行了分析归纳，但其多依赖于具体的城市个案，碎片化的研究总结不具有理论的系统性特征，也无法形成可以概括城市更新特性的一般性理论。

（二）国外城市更新的文献研究更多体现为实践的总结归纳

纵观西方城市更新理论的发展进程，城市更新理论的实践性比较强，正是针对不同阶段城市更新实践中显现的不同问题的思考与总结，催生了指导下一阶段城市更新实践的理论。在城市更新理想主义与现实主义的交战中，或因其片面性致使新问题出现，遂在批评与声讨声中彻底推翻或进一步改进，或因其适用性而被进一步推广加以完善。作为前一轮实践的总结以及新一轮实践的指引，各种城市更新文献得以产生。从以形体规划为核心的城市重建改造到人本主义思想，再到凯恩斯主义主导下的城市财政危机到新自由主义主导下的公私伙伴关系，都是在对实践中出现的问题不断反思与改进中得以产生的。

（三）国外城市更新研究从单一层面走向综合与多元化研究

城市更新作为振兴城市产业经济，复兴城市功能，实现城市社会、经济、环境良性发展的复杂体系和周期性活动，已经从最初的西方旧工业城市经济复兴的特定策略逐渐演变为当前全球范围内各地区不同城市化发展阶段即将或正在进行的城市再开发活动。各地不断涌现的城市更新案例，引起了经济地理学、城市地理学、社会学及其他相关学科研究者的广泛关注，学者们分别从不同学科背景入手，对不同城市更新时代背景、更新动力机制及更新指导策略、方法等不同方面进行了大量研究，出现了经济、制度、文化等新的转向及演变特征（严若谷、周素红、闫小培，2011）。随着不同发展时期更新目标的演化和丰富，以及受到多种新思潮和主义的影响，城市更新已经从单纯物质层面更新走向物质、社会、经济相融合的综合更新，从大规模推倒重建到小规模渐进式更新，从政府主导走向政府、私有部门、社区三个方面合作的更新。在这一实践过程中，城市更新不断在综合多元化进程中被赋予新的内涵。

四 国外城市更新研究的趋向

城市更新理论研究内容贯穿社区与城市两个尺度、供给和消费两个侧面以及时间和空间两个维度。在社区层面，关注社区的人口结构变化以及所产生的问题和社区更新策略；在城市层面，探讨全球化带来的新自由主义和新城市主义等政策背景、移植及其影响。在供给侧，挖掘全球生产网络及重构、城市级差地租等对城市更新的影响；在消费侧，研究绅士化者，特别是创意阶层，独特的文化品位和迁入的特征及影响，以及不同利益相关者之间的关系和角色。在时间上，关注城市化和社会结构演化的生命周期，城市更新计划和政策的可持续性评价和实施评估；在空间上，探讨不同地域背景下的同一现象的多样化特征及其对现有理论的挑战和贡献（廖开怀、蔡云楠，2017）。

（一）城市更新与城市转型的关系研究

有关城市更新与城市转型的关系解释长期以来存在两种研究方

向：一种研究方向注重对城市结构的研究，关注资本、阶层、生产和供应关系的力量，强调从全球化和资本空间的视角研究经济全球化和生产链转移背景下的不同地区、不同发展阶段的城市转型与重构；另一种研究方向更多地强调文化、消费以及新需求、选择的角色在城市转型中的重要性，认为新中产阶级（new middle class）的生活方式与审美需求推动了城市从生产的空间（space of production）向消费的空间（space of consumption）的转变，新经济和高新技术的引导，引发了城市经济、产业和就业结构的重构。

（二）城市更新过程中的绅士化研究

"绅士化"（gentrification）则反映出学者对城市更新效果尤其是有关城市社会结构变迁的研究始终具有持续的关注度。绅士化作为城市更新的典型特征，其研究方向主要包括对绅士化过程的解释和其引发社会效果的分析。包括资本回流内城（rent gap）理论以及对置换阶层（gentrifiers）的身份界定和城市绅士化运动所引发的社会置换、社会隔离和空间剥夺等社会负面效应的探讨。近年来随着政府对更新项目在社会效果方面的强调，通过涓滴效应带动地区原居民的生活本质提升及其他社会结构的变迁逐渐成为研究的主要方向。基于对社会底端阶层重返社会主流的目标，逐渐衍生出有关"社会融合"（social cohesion）的各项研究，并在应对绅士化破坏原有社区肌理的研究中，进一步探讨基于当地社区邻里参与的自建式更新，社区更新中的"公众参与"等问题。

（三）社区参与性更新成为研究重点

20世纪90年代以来的城市更新试图改变市场主导机制下对社区

问题的忽视，倾向于加强社区在更新中的作用：一方面，社区居民意愿和利益被纳入更新计划中来，成为公共部门和私有部门两点角色之外的制衡第三极；另一方面，城市居民在政府和开发商协调下对居住社区进行自助改造，并分享更新带来的收益。政府、私有部门和社区的多方参与使城市更新运作模式从自上而下拓展到自下而上的新机制，在以社区内部自发产生的以自愿式更新为主的"社区规划"下，以改善环境、创造就业机会、促进邻里和睦为主要目标，各方权力相互制衡更加保证多维度更新目标的可实现性，是西方城市更新理论政策的最新发展方向。

（四）创意创新与城市更新关系研究

在城市由工业化走向后工业化过程中，城市在需求方面将更加强调消费的作用，在供给方面则更加强调知识型、创新型产品的供给作用。因而，围绕着城市尤其是核心大城市产业结构向服务化、创新化的转型，加强了创新、创意产业发展对城市更新的作用和机制研究。近十年来在此领域的一个重要的研究趋势是对佛罗里达（Florida）的创意产业理论进行的批判和修正。如有学者认为创意产业并不一定能够促进城市更新，指出若要取得成功，政策制定者需要把创意产业作为一个联系生产、消费、制造和服务的手段。Sasaki 通过对日本城市的实证研究指出吸引创意阶层过来，并不会自动增加城市的创意性，而是需要构建一个文化主导的良性生产系统来平衡生产和消费（廖开怀、蔡云楠，2017）。

（五）城市更新的理论提升与应用研究

进入 21 世纪以来，城市更新研究以城市复兴 "urban regeneration"

为主要研究方向，出现了文化、可持续以及社会层面的三个方面的倾斜。衍生出来针对不同更新案例地区（如废弃棕地、原军事基地、旧商业区以及内城衰败区），不同更新策略（大型文化项目主导、文化产业和新经济推动的产业升级），不同更新模式（市场推动、邻里自建式更新）等多元化的前沿知识。未来有关城市更新的研究，需要对广泛的城市更新内容进行系统化的归纳及理论性的提升；同时还应着眼于具体地区的实际发展情况及更新需求（如针对我国当前快速城市化地区土地紧缺所推动的城市再开发与利用活动），并结合其他学科领域的研究方法，寻求不同城市化阶段的深入分析（严若谷、周素红、闫小培，2011）。

五　国外城市更新研究对中国的借鉴

中国今天的城市更新，与西方发达资本主义国家相比，有着不同的背景和原因。西方发达国家主要是因为新的国际劳动分工体系形成，制造业等工业企业从发达国家向发展中国家和地区转移，在发达国家城市形成产业空心化的过程和结果。尽管中国仍然是以制造业在全球经济中立足的国家，制造业依旧占有较大比重，但随着一些中心城市已经从工业城市向后工业转型，推进城市更新已经成为一些较大中心城市必须面对的新挑战。借鉴国外研究经验，能够为我国城市更新提供多种借鉴，为推进城市旧有空间的经济社会转型提供理论支撑。

（一）我国城市更新应注重多元化目标

我国城市更新策略更多的关注产业升级和景观再造，其带来的空间结果是人口结构的变化或绅士化的出现。西方的绅士化过程表明，城市更新往往是新移民替换了原住民，出现新旧文化的割裂和原住民的流失。原住民作为当地传统文化和特色产业的最主要载体，在有关我国城市更新产业升级和景观再造等的政策中，应注重留住原住民或改造后的原住民回迁，以延续传统文化和习俗；新引入的产业应体现地方性和重视当地环境的融入，实现新旧文化和产业的和谐发展。

（二）我国城市更新应强调对资本的约束

在旧城更新转型过程中，地方政府在引入资本的同时，应保障原有社区居民公众参与的"公民权力"，建立面向社区的沟通对话机制、复议和申诉制度；应构建多方参与的平台，使私人资本、政府和社区民众广泛交流，对资本的空间生产投资形成约束力，体现政府监督协调的干涉主义立场和社区民众参与的公民权力。另外，中央政府在开发权力下放的既定事实下，宜通过多元组织机构（如半政府中央组织）和经济杠杆进行调控，协调地方政府对资本投资带来的城市竞争行为，设计以三方伙伴关系为基础的基金、技术和政策优惠等激励资本投资参与的机制。由此，引导与协调并重，赋权与开发相容的包容性增长才能从根本上改善资本积累的软环境，保证城市的持续竞争力。

（三）我国城市更新应着眼于包容性增长

资本主导下公私合作式的空间生产，功利主义的更新开发使得社区抵抗运动频繁出现，大大增加了资本扩大再生产的交易成本。

资本运作追求私人群体利润最大化的行为和社会总体效益最大化并不相符，加上市场经济环境的不确定性，资本主导下的旧城更新陷入了囚徒困境。基于单维度经济利益考虑的旧城更新结果常使整体社会文化效益相对低下。因此，在对资本主导的逐利式城市更新的反思下，城市更新被赋予了新的内涵，无论是从参与主体、参与主体间的关系还是更新运营机制上都迎来了综合多元化的更新趋势，强调"理性包容"的包容性增长思维，强调对资本的约束。城市更新既应面对城市经营的现实压力，也应与整体社会文化效益相包容，致力于"倡导机会平等的增长。通过政府的干涉主义和社区的公众参与，在引入资本的同时压缩资本的部分逐利空间，公平合理地分享经济增长，寻求社会和经济协调发展、可持续发展"的包容性增长，力求在社会、经济、环境各方面取得平衡，将城市发展红利共享，走向整体可持续的发展之路（李和平、惠小明，2014）。

（四）我国城市更新应突出新经济与新动能

西方城市以新经济为载体的城市更新和内城复兴多发生在城市原有的工业用地上，或是伴随城市产业服务化和文化转向而衍生出城市高级新兴产业，是推动城市产业重组、旧工业区改造升级的主要途径，进而对城市内部的社会结构、城市功能、城市形态与肌理等产生深刻的影响。随着物联网、大数据等新一代信息技术的发展与广泛应用，数字经济、智能经济、绿色经济、创意经济、流量经济、共享经济等新经济形态已经成为推动城市经济社会发展的新动能。新中国成立后与改革开放进程中，我国城市工业在"福特主义"影响下布局了较多的占地面积较广的流水线工厂，占据了市区的较大空间。适应新技术条件下"后福特主义"、个性化柔性生产的需要，我国城市需要将发展新经济、培育新动能作为推动城市更新、产业重构与旧工业区改造的重要力量与重要途径。

参考文献

［1］方可：《西方城市更新的发展历程及其启示》，《城市规划汇刊》1998 年第 1 期。

［2］倪慧、阳建强：《当代西欧城市更新的特点与趋势分析》，《现代城市研究》2007 年第 6 期。

［3］唐洪亚、陈刚：《论英国城市更新理论在中文语境中的发展及启示》，《合肥工业大学学报》2015 年 10 月，第 29 卷第 5 期。

［4］李和平、惠小明：《新马克思主义视角下英国城市更新历程及其启示——走向包容性增长》，《城市发展研究》第 21 卷，2014 年第 5 期。

［5］董玛力、陈田、王利艳：《西方城市更新发展历程和政策演变》，《人文地理》2009 年第 5 期，总第 109 期。

［6］王如渊：《西方国家城市更新研究综述》，《西华师范大学学报》2004 年第 2 期。

［7］杨帆：《城市更新中蕴含的理论和实践性议题——英国中央政府层面干预城市更新的政策分析》，《上海城市规划》2017 年第 5 期。

［8］阳建强：《西欧城市更新》，东南大学出版社，2012。

［9］严若谷、周素红、闫小培：《城市更新之研究》，《地理科学进展》2011 年 8 月，第 30 卷第 8 期。

［10］严若谷、周素红、闫小培：《西方城市更新研究的知识图谱演化》，《人文地理》2011 年第 6 期。

［11］蔡绍洪、徐和平：《欧美国家在城市更新与重建过程中的经验与教训》，《城市发展研究》第 14 卷，2007 年第 3 期。

［12］王如渊：《西方国家城市更新研究综述》，《西华师范大学学报》2004 年第 2 期。

［13］佘高红、朱晨：《欧美城市再生理论与实践的演变及启示》，《城市规划》2008
年第 2 期。

［14］李建波、张京祥：《中西方城市更新演化比较研究》，《城市问题》2003 年第
5 期。

［15］单菁菁：《旧城保护与更新：国际经验及借鉴》，《城市观察》2011 年第 2 期。

［16］大卫·哈维：《资本城市化：资本主义城市化的历史与理论研究》，苏州大学出
版社，2017。

［17］Graeme Evans &Phyllida Shaw, Literature Review：Culture and Regeneration, Arts
Research Digest, issue 37 summer 2006.

［18］Amira ELNOKALY, Ahmed ELSERAGY , Sustainable Urban Regeneration of His-
toric City Centres – Lessons Learnt.

［19］Patrick Loftman, BrendanNevin, Prestige Projects and UrbanRegeneration in the
1980s and 1990s：a review of benefits and limitations. Planning Practice and Research,
Vol. 10, Nos 3/4, 1995.

［20］Piotr Lorens, Urban regeneration vs. urban sprawl, 44th ISOCARP Congress 2008.

［21］Silva Mathema, Gentrification：An updated Literature Review. http：//prrac. org/
pdf/Gentrification_literature_review_ – _October_2013. pdf.

［22］Tom Slater, Chapter 50：Gentrifcation of the City, https：//www. geos. ed. ac. uk/
homes/tslater/gotcbridgewatson. pdf.

［23］Stephen Sheppard, Why is Gentrification a Problem?, http：//web. williams. edu/E-
conomics/ArtsEcon/library/pdfs/WhyIsGentrificationAProbREFORM. pdf.

［24］Goksin&Muderrisoglu, Urban Regeneration：A Comprehensive Strategy, 41st ISo-
CaRP Congress 2005.

第二篇　建设篇

建设以市民为主体的新型智慧城市

罗文东[*]

摘要： 智慧城市将新一代信息技术广泛运用到城市发展过程中，使城市运转更加高效、低碳、便捷，有利于缓解"城市病"。本文回顾国内外智慧城市的发展历程，发现智慧城市建设从数字化、网络化迈向智能化发展的趋势。智慧城市建设应坚持以人为本的云泽，以优化人居环境为中心目标。建立科学民主依法决策体制机制，构建政府、社会和市民联动推进的良好局面。

关键词： 智慧城市　发展历程　以人为本

冬至刚过的成都气象更新，春光将至。在年终岁末的时节里，我们汇聚在天府之国的美丽蓉城，共同举办"智慧城市论坛"，无疑具有十分重要的理论意义和现实意义。

---

[*] 罗文东，四川射洪人，现任中国社会科学杂志社副总编，中国社会科学网总编辑，研究员，中国社会科学院研究生院博士生导师。

一　智慧城市的提出

2018 年是一个很特殊的年份。从国际上看，是马克思诞辰 200 周年，第一次世界大战结束 100 周年，国际金融危机爆发 10 周年；从国内来讲，是戊戌变法 120 周年，改革开放 40 周年，贯彻党的十九大精神的开局之年。党的十九大报告明确指出："加强应用基础研究，拓展实施国家重大科技项目，突出关键共性技术、前沿引领技术、现代工程技术、颠覆性技术创新，为建设科技强国、质量强国、航天强国、网络强国、交通强国、数字中国、智慧社会提供有力支撑。"① 从内涵和外延相统一的角度看，智慧社会包括智慧城市和智慧乡村，建设智慧社会要体现城乡融合发展的根本要求，解决城乡发展不平衡、不充分的突出问题，这就为新时代智慧城市建设提出了新的目标任务。总之，国际局势的深刻复杂变化和我国改革开放与社会主义现代化强国迈上新征程，必然使智慧城市建设的理论和实践面临新的机遇与挑战。

随着经济全球化、政治多极化、文化多样化、社会信息化的曲折发展和不断推进，人类社会已进入数字化、网络化、大数据时代。智慧城市则是把物联网、云计算、移动互联网、大数据、空间地理信息集成、人工智能等新一代信息技术广泛运用到城市的各行各业之中，促成城市规划、建设、管理和服务智能化的新理念和新模式。从总体上看，智慧城市是城市信息化发展的高级形态，它通

① 《中国共产党第十九次全国代表大会文件汇编》，人民出版社，2017，第25 页。

过信息化、工业化与城镇化深度融合，使城市运转更高效、更低碳、更便捷，以缓解各式各样的"城市病"。从某种意义上说，建设智慧城市是推动城市治理体系和治理能力现代化，提升城市管理效率，改善市民生活质量，促进城市持续健康发展的必由之路和重要举措。

二 智慧城市的发展历程

智慧城市建设是一个复杂的社会系统工程，但从理念到技术、从政策到实践、从国际到国内不过 10 年左右的发展历程。2008 年 11 月，美国的国际商业机器公司（IBM）在纽约发布《智慧地球：下一代领导人议程》主题报告，提出把新一代信息技术充分运用到各行各业，打造智慧电力、智慧医疗、智慧城市、智慧交通、智慧银行，等等。2009 年 IBM 与迪比克市合作，建设美国第一个智慧城市。它们利用物联网技术，在一个 6 万居民的社区里将各种城市资源，包括水、电、油、气、交通、公共服务等连接起来，通过监测、分析和整合各种数据作出智能化的响应，以更好地服务市民。2010 年 IBM 正式提出"智慧城市"愿景，认为城市应该由发挥城市主要功能的不同类型的网络、基础设施和环境等六个核心系统组成，包括组织（人）、业务/政务、交通、通信、水和能源。这些系统以一种协作的方式衔接起来，共同构成了城市的宏观系统。

与此同时，我国的科研机构、IT 类公司和有关部委提出建立不同类型、不同层级的"智慧城市"的设计方案和架构体系。例如，2011 年 8 月，国家发展改革委与北京、上海、天津、湖北、吉林、广州、南京、宁波8个省市发展改革委联合开展"智慧城市若干问题研究"课题。2012年6月，国家发展改革委起草了《关于我国智慧城市建设有关情况的报告》，上报国务院，得到高度重视。2013年8月，《国务院关于促进信息消费扩大内需的若干意见》中明确提出："加快智慧城市建设。在有条件的城市开展智慧城市试点示范建设。各试点城市要出台鼓励市场化投融资、信息系统服务外包、信息资源社会化开发利用等政策。支持公用设备设施的智能化改造升级，加快实施智能电网、智能交通、智能水务、智慧国土、智慧物流等工程。鼓励各类市场主体共同参与智慧城市建设。在国务院批准发行的地方政府债券额度内，由各省、自治区、直辖市人民政府统筹考虑安排部分资金用于智慧城市建设。鼓励符合条件的企业发行募集资金用于智慧城市建设的企业债。"① 2014年8月，国家发改委、工信部、科技部、公安部、财政部、国土部、住建部、交通部八部委印发《关于促进智慧城市健康发展的指导意见》，提出到2020年，建成一批特色鲜明的智慧城市，聚集和辐射带动作用大幅增强，综合竞争优势明显提高，在保障和改善民生服务、创新社会管理、维护网络安全等方面取得显著成效。《意见》还明确规定了智慧城市建设的指导思想、基本原则和主要目标，强调以人为本，务实推进，实现公共服务便捷化、城市管理精细化、生活环境宜居化、基础设施智能

---

① 《国务院关于促进信息消费扩大内需的若干意见》（国发〔2013〕32号），参见中国政府网 http://www.gov.cn/zwgk/2013－08/14/content_2466856.htm。

化、网络安全长效化，有效提高城市综合承载能力和居民幸福感受。① 这是经国务院批准印发的指导我国智慧城市建设的第一份系统性文件。

2015 年 12 月，中央城市工作会议决定深化城市改革，建设新型智慧城市，推进以人为核心的新型城镇化，走出一条中国特色城市发展道路。会议指出，做好城市工作，要顺应城市工作新形势、改革发展新要求、人民群众新期待，坚持以人民为中心的发展思想，坚持人民城市为人民；统筹空间、规模、产业三大结构，提高城市工作全局性；统筹规划、建设、管理三大环节，提高城市工作的系统性；统筹改革、科技、文化三大动力，提高城市发展持续性；统筹生产、生活、生态三大布局，提高城市发展的宜居性；统筹政府、社会、市民三大主体，提高各方推动城市发展的积极性。② 会后，国家发展改革委、中央网信办等 25 部委成立 "新型智慧城市建设部际协调工作组"，开展审议《新型智慧城市评价指标体系》等工作，确定在 "十三五" 期间开展 100 个新型智慧城市建设的任务部署。2016 年 4 月，习近平总书记在网络安全和信息化工作座谈会上指出，"要以信息化推进国家治理体系和治理能力现代化，统筹发展电子政务，构建一体化在线服务平台，分级分类推进新型智慧城市建设，打通信息壁垒，构建全国信息资源共享体系，更好用信息化手段感知社会态势、

---

① 《关于印发促进智慧城市健康发展的指导意见的通知》（发改高技 ［2014］ 1770 号），参见国家发改委网站 http：//www.ndrc.gov.cn/gzdt/201408/t2014 0829_624003.html。

② 《中央城市工作会议在北京举行 习近平李克强作重要讲话》，参见中国政府网 http：//www.gov.cn/xinwen/2015 - 12/22/content_5026592.htm。

畅通沟通渠道、辅助科学决策。"① 中央城市工作会议和习近平总书记重要讲话指明了城市工作的出发点和落脚点、本质要求和重点，标志着我国智慧城市建设作为新型城镇化的重要抓手，上升到事关党和国家事业全局和战略的高度，开始进入一个新的发展阶段。从沿海到内地、从塞北到江南，神州大地兴起建设新型智慧城市的浪潮，奇迹般地改变着国家的面貌和人民的生活。截至 2018 年底，全国已有 600 多个城市正在建设或计划建设智慧城市，包括直辖市、副省级城市、地级市、县级市等。值得注意的是，近年来越来越多的中西部地区的各级各类城市也加入建设智慧城市的行列。

回顾智慧城市的理论和实践十年探索的历程，不难发现智慧城市建设从数字化、网络化迈向智能化的发展脉络和趋势。所谓数字化是指将城市的各种信息转化为能够被电脑所识别的数字符号进行计算，以提高城市信息采集和处理的能力与效率，这是智慧城市建设的基础环节和初始阶段。所谓网络化是指通过互联网将数字化的各种城市资源、部件链接起来，搭建城市运转的网络平台，这是智慧城市建设的关键环节和中间阶段。所谓智能化是指在云计算、网络传输的基础上实现城市生活的智能反应和调控，使城市功能在人类智慧和人工智能的驱使下不断得到优化和提升，这是智慧城市建设的核心环节和高级阶段。近十年来，我国智慧城市建设如火如荼、方兴未艾，各地在资金、设施、人员、技术等方面进行了大量投入，对经济社会发展起了一定的拉动作用。但从总体上看，我国

---

① 习近平：《在网络安全和信息化工作座谈会上的讲话》，《人民日报》2016 年 4 月 26 日第 2 版。

的智慧城市建设大多处于起步探索阶段，许多城市的运营和广大市民生活的数字化、网络化、智能化水平还有待提高，而且暴露出体制机制改革滞后、标准规范很不完善、资源投入效益不高、信息安全风险很大、市民生活满意度低等苗头性、倾向性问题。尤其值得警觉的是，有些地方建设智慧城市受产业发展启动影响，缺乏与市民需求的有效对接，对市民的意愿和力量不够重视，因而出现政府"大干快上"，市民"围观吐槽"的现象。根据国家信息中心按照25个部委对智慧城市的共识形成的定量打分标准（总分100分），对全国220多个地级以上的城市作智慧城市测评，得出的平均值只有58.03分，80%的城市都在70分以下；得分前100名的大多是中东部的大中型城市，而在西部分布的智慧城市很少。国家信息中心还做了200多万份的市民体验问卷调查，让市民从10个层面对智慧城市的满意度打分（满分100分），调查结果是普遍只有60多分。上述两项调查从一定程度上说明我国智慧城市建设不仅存在不充分、不平衡的问题，而且存在市民参与度、满意度低的问题，亟须调整、改革和创新。

三 中国如何建设智慧城市？

与西方发达国家的城市相比，我国城市所承载的功能更多，结构更复杂，因而在建设智慧城市过程中遇到的情况和需要解决的问题都大不相同。例如，西方的智慧城市理论和实践重在技术的运用和对"物"的管理，优势在于推广云计算、物联网等信息技术产品。而作为发展中国家和社会主义大国，我国的智慧城市建设不能见物不见人、重技不重人，而应该坚持以人为本、以民为本，做到一切为了市民、一切依靠市民，建设成果由市民共享。要尊重广大市民对城市建设发展的知情权、参与权和监督权，鼓励市民通过各种方式参与城市建设和管理。智慧城市建设要把优化人居环境作为中心目标，努力把城市建设成为人与人团结友爱、人与自然和谐相处的美丽家园；要建立科学民主依法决策的体制机制，把市民参与、专家论证等确定为城市重大决策的法定程序；要善于调动政府、社会、市民的积极性、主动性、创造性，使政府有形之手、市场无形之手、市民勤劳之手同向发力，凝聚城市发展正能量，共同打造和谐宜居、富有活力、各具特色的新型智慧城市。

把握信息革命和信息化的发展趋势，加强智慧城市的理论研究和宣传，是当代哲学社会科学面临的重大课题，也是中国社会科学网的重要任务。中国社会科学网是由中国社会科学院主办、中国社会科学杂志社承办的全国重点学术理论网站。自 2011 年 1 月 1 日正式上线以来，中国社会科学网坚持学术本位，遵循频道化和专题化的建网思路，强化信息发布、学术交流、资源整合和检索评价四大功能，设置资讯、学科、机构、地区和评价五大板块，努力打造哲学社会科学工作者和爱好者的精神家园。2018 年 7 月，中国社会科学网专门开设了智慧城市频道，全面系统地展示国内外智慧城市理论研究和实践探索的最新成果。该频道通过智慧治理、智慧产业、智慧民生、智慧园区、智慧社区、网络设施与信息平台等栏目，力图构建具有中国特色、中国风格、中国气派的智慧城市的学科体系、学术体系和话语体系。中国社会科学网与中国城市经济学会、中国社会科学院城市发展与环境研究所共同发起举办这次"智慧城市论坛"，正是基于这样的目的和宗旨。

本次论坛以"面向高质量发展的智慧城市建设"为主题，围绕智慧城市的内涵与趋势、智慧城市建设与发展、大数据与智慧城市等重大理论与实践问题展开深入探讨。我相信，这次论坛是一个新锐新秀响应云集，观点理论相互激荡的学术盛会，一定能够为推动智慧城市建设做出应有的贡献！

最后，祝本次论坛圆满成功，祝各位领导和专家学者身体健康，工作顺利，生活美好！再过两天就是 2019 年元旦了，祝与会嘉宾新年快乐，万事如意！

智慧城市时空基础设施建设思考与实践

刘　广[*]

一　智慧城市建设如火如荼

(一) 地理信息在智慧城市中的作用

目前全中国已有超过五百个城市提出建设智慧城市。智慧城市如何建设是一个见仁见智的问题，也是一个复杂的、涉及多学科的问题，但有一个普遍共识是：信息共享、数据集成，消灭信息孤岛是智慧城市的基础。

城市中包含大量信息：客观实体物的信息，与人相关的信息，各类动态信息等，通过众多学者研究和工作实践发现，信息集成的唯一有效途径是以地理空间信息为基础，基于虚拟环境整合城市的各类空间数据，将人、物、动态信息进行集成。

对于集成后的数据，利用数据的语义相关性能够进行更深入的融合分析。比如，通过身份证信息、社保信息可以分别获取家庭住址

———————————

　*　刘广，北京超图软件股份有限公司智慧城市业务中心副总经理。

和单位地址，基于路径分析功能规划出两地之间的最优路径，为公众出行提供便利。如果把城市中百万量级的地址信息都汇聚在地图上，就能够为交通规划和建设提供参考依据。

（二）地理信息在不同时期的表现

在 2000 年电子政务阶段，由国家发改委牵头提出了国家自然资源和地理空间库建设。到数字城市阶段，原国家测绘局提出了数字城市地理空间框架建设，以地理信息作为框架进行各类信息的集成。到目前的智慧城市阶段，从国家部委提出的建设智慧城市时空基础设施、到互联网厂商提出建设城市大脑，以及一些专家学者提出建设智慧城市的操作系统，都需要以地理信息为基础来建设。

（三）新形势下，智慧城市建设对时空信息服务的新要求

在新型智慧城市建设以及国务院机构改革的新形势下，笔者认为时空信息服务平台应具备两个方面的能力，一方面能够将现实当中感知的各类静态、动态信息快速汇聚至平台，能够实现更强的数据融合能力和管理能力；另一方面平台必须是开放的，能够让各行各业的用户、各类学者、各类政府管理者基于平台开展应用，对外提供更强的数据挖掘服务。

二　时空信息服务平台是智慧城市的智能基础设施

（一）新一代时空信息服务平台的定位

智慧城市应用可以划分为三个维度，第一个维度是事务性的应

用，比如行政审批，规划审批，不动产登记等各类办事项目审批。第二个维度是由事件驱动的事件型应用，比如数字城管、网格员、应急管理等。第三个维度是智慧城市分析决策型应用，比如多规合一类决策系统，从发现、洞察、预见等方面为管理者和领导服务。这些应用需要基于时空信息服务平台，从中获取数据，或反馈应用结果到平台中，进行数据更新优化。

时空信息服务平台能够与各类应用通过一张图的形式融合，支撑智慧城市发展。

（二）通过时空信息服务平台构建智慧城市生态圈

智慧城市建设涉及城市的诸多方面，笔者提出围绕时空信息服务平台，构建智慧城市的生态圈，联合多个部门和多家企业建设智慧城市。

首先将客观世界中自然地表的地理信息，如道路、房屋这类信息快速收集，作为基础地理信息，基于这些基础地理信息，扩展自然资源数据，如山水、林草、田湖等信息。在此基础上扩展与人类服务和基础设施建设相关的信息。最后融合各个行业相关的信息。通过以上几个圈层信息的构建，最终使各类数据能够服务于城市规划、建设、管理、运行、公共服务、城市决策的全流程。

三 时空信息服务平台四库进阶——构建"DIKW"模型

发现、洞察、预见、优化模型是大数据领域的经典模型。其中发现是通过对地观测的各类手段，描述客观世界发生的事物。洞察，是对发现的问题进行诊断分析，比如分析某个地点发生交通拥堵的影响因素。预见，是通过模拟推演进行预测性分析，比如推测某地堵车的主要时段。优化，是在发现问题、分析问题、预测推理之后，进行处方性的分析，给出解决问题的对策，为管理者的决策提供科学的支持。以堵车问题为例，拓宽道路或者降低人口聚集度都是可能的解决方案。基于这个模型，在实操层面，可以通过构建地理实体库、指标库、模型库、知识库来支撑决策。实体库存放原始的数据（Data），指标库存放信息（Information），通过这两个库对客观世界进行描述性分析；模型库存放知识（Knowledge），基于地理建模对城市进行诊断性分析；知识库存放智慧（Wisdom），是对城市进行预测性分析和处方性分析形成的智慧信息。

（一）实体库——融合多源数据，支撑城市智慧

实体库的一项重要指标是能够融合多源数据。通过实体化处理，将房屋、道路、河流等基础地理信息实体化，并设计统一的实体编码；通过实体编码建立起基础实体和业务专题数据之间的联系，从而实现对专题数据的整合；通过对外提供统一的实体 API，实现数据服务化，如建筑物 API、道路 API 等；用户可根据需求在线调取服务 API 或进行应用组装，真正做到按需调取，实现从数字城市的"有什么提供什么"到智慧城市的"需要什么提供什么"的进阶。

以建筑物实体为例，首先将基础房屋数据进行实体化，每栋建筑物按照编码规则建立唯一的实体编码，通过实体编码将不动产的产权信息、与教育相关的专题数据同基础地理实体数据关联，从而

实现基础地理实体和业务专题的关联，就能够支持建筑物产权信息查询、学区查询等各项功能。

目前，一些城市基于这个思路，利用测绘新技术，构建了全空间一体化的地理实体数据库。首先，通过卫星对影像数据每年进行更新，通过航空飞机、无人机对变化区域进行按需更新，通过大地测量、移动测量手段对基础地形数据和专题数据每年进行更新，对地下管线、地下空间等地下设施进行按需更新。随着地理信息及三维的应用，城市空间的三维建模技术手段多样，如针对室外空间的手工建模、倾斜摄影建模、激光点云建模等，针对室内管理的 BIM（Building Information Modeling，建筑信息模型）等。通过倾斜摄影测量成果、激光点云成果、BIM 成果等的无缝集成、可视化管理与应用，将多种三维建模手段与 GIS 融合，拓展应用领域与应用价值。借助最新的人工智能（AI）技术，通过人工智能深度学习，可

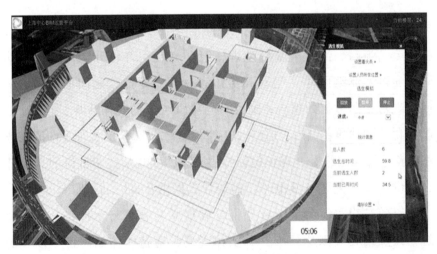

图 1　基于 BIM 的逃生模拟分析

以实现建筑物底面提取，基于这项技术，对重点建设区域每季度利用飞机采集后的数据进行处理，建筑物信息就可以快速更新。从而形成空天地一体化的数据采集与更新体系，保障系统基础数据的时效性和可用性。在此基础上，各类数据通过统一的实体编码进行关联，从而形成全空间一体化的地理实体库。

（二）指标库——镌刻城市画像，表达城市体征

为了反映整个城市的发展情况，如基础设施建设情况、企业运行状况等，需要在实体库基础上制定一系列的指标对城市进行画像，表达城市的体征。从社会经济、行政区划、自然资源、旅游资源、交通运输等各个角度，在体系化、专业化和常态化这几方面对城市指标体系进行梳理。在体系化上，通过建立指标库与维度库，将原有的报表建库模式变为指标建库，由不同的维度支撑数据多视角表达，构建实体库到指标库的建库流程。在专业化上，参考国家相关标准，融合国土规划指标体系，在行业专家的参与下，完成指标体系提升。常态化主要指的是建立指标体系更新机制，由原来烦琐的手工报表填写更新方式升级为定时调度任务完成指标数据的更新，减少运维成本同时能够使指标体系更为持久地运行。所有这些指标都可以基于实体库进行实时计算。

（三）模型库——洞察城市现象，追溯问题本质

围绕城市发展需要解决的问题，通过灵活选择实体数据与指标信息，构建模型库进一步挖掘城市要素、现象与特征之间的关联关系，实现城市现象洞察、追溯问题根源。

　　基于模型库，可对城市的体征进行诊断，使运行规律能够实现可视化表达。在城市规划及运行中，会遇到诸如选址、资源环境承载力、空间开发适宜性、公共设施规划等问题，通过选取与问题相关的指标、实体数据，在领域专家的参与指导下，建立选址模型、资源环境承载力模型、空间开发适宜性模型、公共设施规划模型等，构建城市模型库，并以统计图表、专题图等可视化形式进行表达。

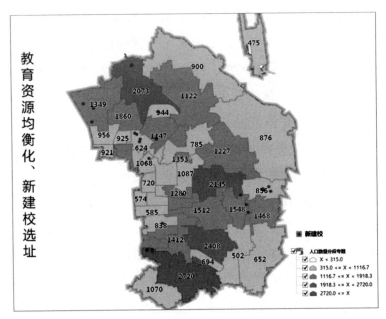

图 2　教育资源优化分析

　　例如，基于模型库，结合学区以及学龄前儿童的信息、人口的信息，进行教育资源的优化布局分析。基于模型库，结合社区位置、人口、15 分钟生活圈等数据，可以解决菜市场、停车场的合理布局问题。

（四）知识库——把控城市未来，赋能城市智慧

知识库能够服务于城市预测与决策。基于机器学习等人工智能技术，通过选择待分析的指标、实体数据以及模型算法，将现状与历史数据进行分析，构建知识库。

知识库的分析结果可作为模型库构建的依据，模型组装的实体与指标即可通过知识模型来判断。通过关联分析、聚类分析、连接分析、神经网络、决策树、判别分析、逻辑分析等分析模型，将历史与现状数据进行导入，进行机器学习训练，以知识服务 API 的形式对外提供。

在人口数据挖掘与分析知识模型中，综合利用信令人口、户籍人口、流动人口以及卫计委人口数据，分析人口分布的地域特征，挖掘人口与 GDP、环境等的关联关系，在此基础上，建立人口数据挖掘分析模型，对人口未来的走势，以及与之关联的社会经济指标进行预测，辅助决策单位进行规划。

四 基于 DIKW 模型的新一代时空信息服务平台架构

基于 DIKW 模型构建实体库、指标库、模型库、知识库等四库，形成以实体 API、指标 API、模型服务 API 和知识服务 API 为核心的服务资源池，向上支撑门户系统，从而形成新一代时空信息服务平台，提升智慧城市的数据融合能力、体征感知能力、行为诊断能力和认知推理能力。

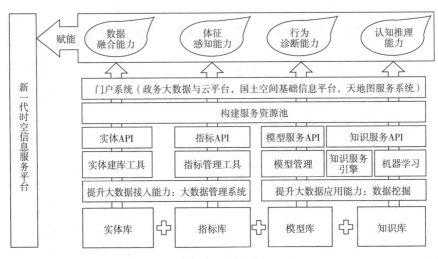

图 3　总体架构

五　时空信息赋能智慧城市全流程应用

（一）　时空信息赋能城市空间规划

从宏观角度上，时空信息能够赋能整个城市的规划、建设、运行全流程，从微观角度上，时空信息能够追踪某个项目从立项、选址、规划到登记的全流程。具体来讲，时空信息能够支撑城市规划编制、实施、评估的全过程，通过多种指标、模型的分析评价，更便于进行科学、合理规划。

（二）　时空信息赋能城市设计

在进行城市设计时，一个项目往往需要多次开会讨论进行多方案对比，传统方式是使用开发商提交的效果图进行对比，而现在基于时空信息服务平台，利用三维模型，可以多角度对比设计方案，比如该方案是否符合规划要求，宏、中、微观多层次的立体呈现效果如何，还能够进行规划要素多层级谱系化、二三维一体化分析计算、方案报批审查、多方案智能比选等。

图 4　多方案智能对比

（三）时空信息赋能城市建设

在城市建设阶段，利用 BIM、GIS、物联网、大数据、智能化、移动通信、ERP 等多项关键技术，集成项目管理、视频管理、物联网平台、大数据平台、劳务管理等众多分包单位的业务系统，整合建筑 BIM 模型数据、空间数据和结构化数据，实现对建筑工程的精细化管理和对实施现场环境、安全、质量、进度等全方位监控和智能化管理。

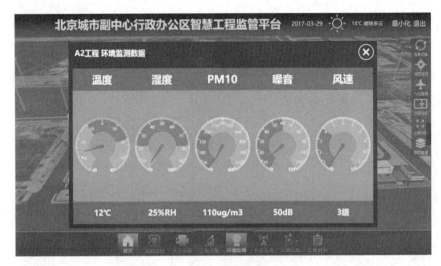

图 5　工地环境实时监测

（四）时空信息赋能城市管理

在城市管理阶段，一般的策略是城市数字城管或者网格化管理，基于时空信息将城市进行网格化划分，将网格内发生的不同类别的城管案件数量做分析，找出案件频发区域，从而进一步优化城市管理监督员的责任区分配。例如，基于历年来某区域上报的各类事件数据，比如非法小广告、暴露垃圾等位置信息，通过时空信息服务平台进行展示分析，可以实现有针对性的治理。传统的城管以业务化流转系统为主，主要解决业务流转的问题，基于时空信息服务平台，通过时空数据进行空间分析，能够优化城市管理对策，为政府的信息化管理和决策产生价值。

（五）时空信息赋能政府服务

在赋能政府服务方面，通过时空信息整合各类政务资源，实现互联网＋电子政务，公众能够通过手机办理业务，对于部分需要现场办理的业务，得益于数据多跑腿，也能够实现"最多跑一次"。

六 构建时空信息服务生态圈，打造城市智库

超图作为智慧城市建设的探索者与践行者，希望联合产学研机构，共同打造时空信息服务的生态圈。

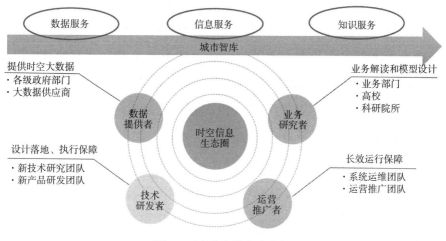

图 6 时空信息服务生态圈

其中数据提供者，主要是各级政府部门和大数据供应商；业务研究者，主要是进行业务解读和模型设计的人员，需要领域专家、高校、科研院所的参与；技术研发者，这个圈层的主要工作是设计的落地和执行；运营推广者，主要工作是在信息系统建好之后不断地运营维护。在这四个圈层的联合保障下，最终为整个城市打造一个城市级的智库，这个智库能够为各类用户提供数据服务、信息服务和知识服务。

城市计算：用大数据和 AI 打造智能城市

易修文[*]

摘要： 城市计算是以城市为背景，利用计算机科学与城市环境、能源和经济等学科进行融合，通过不断获取、整合和分析城市中不同领域的大数据来解决城市所面临的挑战。本文以京东城市为代表，介绍了京东城市在智慧城市建设方面的相关进展并通过城市计算的设计理念和城市计算平台的顶层设计，完成各垂直领域的解决防范，为打造智慧城市提供有益借鉴和参考。

关键词： 城市计算　智能城市　大数据

一　京东城市业务介绍

京东城市是京东集团一大新兴的业务板块，包括京东集团一级事业部——智能城市事业部、京东集团顶级研究院——京东智能城市研究院，以及在北京、南京、成都等多地设立的区域总部和研发中

---

* 易修文，博士，京东城市计算机事业部数据科学家。

心。京东城市已经为雄安、天津、南京、福州、宿迁、成都等31座城市提供技术服务，还跟国家能源集团等多个大型国有企业建立了紧密的合作关系，助力人工智能技术与实体经济的有机结合，不断地为政府、企业、民众创造价值。

二 城市计算的定义

在做智能城市时有一个核心技术，城市计算。那么什么是城市计算呢？就是通过对城市里面的数据不断采集、管理、挖掘、分析，将城市中无处不在的感知系统与先进的时空数据管理方法、多源数据分析模型相结合，然后通过利用挖掘出来的知识解决城市中所发生的问题，比如交通拥堵、环境污染、能源消耗等。用一句话说，城市计算是大数据和人工智能技术在城市场景下的有机结合，如图1所示。

图1 城市计算示意

三　城市计算的设计理念

城市计算有两大设计理念。第一个理念是点线面结合的顶层设计和跨领域的垂直应用，这两个都比较重要。现在政府里面不缺能做一个点的人，但是一旦孤立的点多了，城市就会显得特别臃肿；而且只有做过很多垂直领域的人才能做出符合城市发展的顶层设计。第二个理念是从规划到运维再到预测的可持续发展。我们的城市是在不断发展的，也就是说所做的方案一定不能是静态的，它一定要在运维、预测、规划当中不断迭代的。如图2所示。

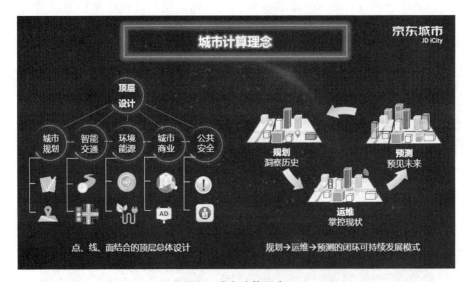

图 2　城市计算理念

四 城市计算平台

上述两个理念的落地需要一个平台，那就是城市计算平台。通过海量多维数据彼此"对话"，让 AI 算法积木式输出，并凭借数字网关实现数据的互联互通，进而洞察城市的过去，了解城市的现状，预测和优化城市的未来，真正实现用数字科技打造一座数字与智能之城。该平台有三个特色：

第一，数据标准化。众所周知，城市里面的数据非常多，比如路网数据、气象数据、交通数据、GIS 数据等。如果对其中的每一种数据都进行单独处理，那么工作量会非常大。而城市计算平台将城市里面纷繁复杂的数据归结为六个原型，从而提高数据的储存和管理效率；并结合多种独特的时空索引，使时空数据的查询速度相比常规索引方式提升百倍，如图 3 所示。

第二，算法模块化。城市里的各种数据都带有时空属性，因此传统的针对语音、文本的人工智能算法都不是特别适用。此外，交通、环境、能源等各个行业的问题都可以抽象成数学建模问题，并且它们背后的模型和算法都是通用的。也就是说，AI 算法的模块化、积木式输出，可以算法的复用率，解决不同场景下智能应用的开发问题。

第三，平台生态化。在智能城市建设中，不是一家独大，而是需要把平台开放出来，给第三方公司使用，让更多人参与进来，构成真正的生态。基于这个平台，可以快速地借助各个合作伙伴来搭建各垂直领域的应用。

图3　城市计算平台架构

对于各行业存在的数据壁垒问题，可以利用数字网关予以解决。数字网关是指利用基于用户隐私保护的联合建模机制和多源数据融合算法，解决隐私保护问题。数字网关技术将城市计算平台落到各个部门，通过模型前置，各企业部门内部利用自己的数据经过模型计算出加密不可逆的中间结果，再将中间结果同其他数据结果融合挖掘数据价值，真正做到原始数据不出户，实现企业与企业之间的共联互通。

五　运用城市计算，打造智慧城市

基于城市计算平台，京东城市在各个垂直领域打造了六套解决方案。

（一）智能交通领域解决方案

传统做法都是针对单点上的运用，比如说交管局、运管局，比如自行车、公交车、电动车等。现在城市中的拥堵现象比较严重，红绿灯调度优化只能减轻道路上的拥堵情况，并不能真正解决这个问题，此时需要借助城市计算对城市进行一体化的规划、运维和预测。

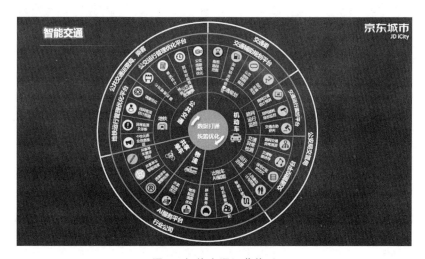

图 4　智能交通运营体系

现在城市里各种违章停车现象比较严重，但是执法人员的数量非常有限，也就是说很多违章停车现象并没有被执法人员进行管控。现有的解决方案，无论是人工巡逻还是固定点的视频采集，每个监测点的覆盖范围都十分有限。京东城市提出一种通过挖掘大量共享单车轨迹数据来精准化地检测违章停车的办法。以骑共享单车为例，如果发现前面有违章停车情况，通常会选择绕着这个汽车进行骑行，而这时的骑行轨迹和正常情况下的骑车轨迹是不一样的。通过和正常的骑行轨迹特征进行比较，如果发现大量共享单车存在绕行状态，那么就可以推测哪些轨迹受到路边违章停车的影响，从而快速判断路段的违章停车状况。据此以图5可视化展示平台为例，图中深灰色的地方就是可能带有违章停车的地方，绿色是没有违章停车的，这样就可以帮助政府更加精准地对违章停车行政执法。

图5　智能交通下的可视化展示平台

（二）智能环保领域的解决方案

智慧环保主要有四个方面的内容。第一是事前规划，也就是在事前进行一些站点优化。第二是实时监测，获取实时的信息并进行监控。第三是对于未来的预测，这种预测可以是短期的、中期的和长期的，也可以是对紧急事件的预警。第四可以溯源，发现污染源头是什么，还可以知道污染的传播途径（见图6）。

城市里空气污染比较严重，政府就在城市里面部署了空气质量

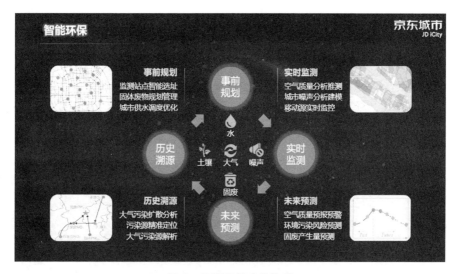

图 6　智能环保功能体系

监测站点，但是这些站点数量非常少，一个站点的占地面积很大，而且成本昂贵，可能要上百万元，不可能在城市的每一个角落都放这样的站点。那么没有建站点的地方的空气质量是多少？而且空气质量在城市中是高度不均匀的，也就是说现在这个地方空气质量是优，旁边五十米空气质量可能就是差。这是因为空气污染有很多污染源，比如汽车尾气、工厂排放等，这么多的污染源就会导致上述这样的问题。而基于大数据建模方法，可以融合交通、气象和人群移动等数据，把这些数据背后的知识聚合起来，从而对空气质量进行估计。这是第一步，搞清现状。第二步就是对未来进行预测，我们预测了城市未来几小时和几天内的空气质量状况。该模型的预测结果和某城市环保部的官方预测结果对比，准确率可以提高 22%，这是非常大的突破。第三步就是溯源，找到污染的源头和传播路径，这样就可以更加精准地对污染问题进行治理。

图7　智能环保下的可视化展示平台

（三）智能规划领域的解决方案

京东城市在规划领域的相关工作主要可以分为点、线、面三个方向。点上的规划比较好理解，比如商业站点选址；线上规划，例如公交线路优化；面上的规划现在比较时髦的说法是产业规划，智慧小镇、智慧社区等。因此可以通过从目标导向转为问题导向，充分考虑城市中建设主体的生存现状、发展需求、活动规律，发现制约城市发展存在的关键问题，并精准预测城市的发展态势，通过多学科交叉来实现城市规划的科学化目标。

京东城市和联通公司合作了一个项目：因为目前城市里有很多联通营业厅的业务可以在手机线上进行办理，所以营业厅资源其实是被空置了。因此联通就有这样的需求，首先就是找几个营业厅进行商业选址，然后这些空间可以利用起来做些什么？图9是京东城市

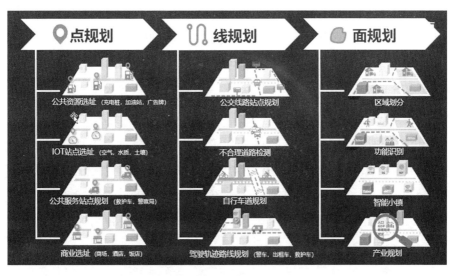

图8 智能规划下的点线面规划展示

图9 京东＋联通大数据智能选址示意

为联通公司做的选址平台，基于京东城市的大数据和人工智能技术，从已有的 300 多家联通营业厅的布点学到背后的知识，再应用到新的营业厅选址上来。通过考虑营业网点要覆盖足够多的联通的老用户，选择几个点使它覆盖的群体最大化。但光考虑服务人数还不够，因为改造后的营业厅不仅需要吸引新用户，还要考虑未来的营收能力。城市计算利用排序方法不断地迭代，找出哪些网点应该改造，使得服务的人群最多，而且带来更好的体验。同时，把京东的线上购物数据和联通数据合在一起，可以为每个区域的用户进行精准画像，比如什么地方买什么手机的用户比较多，这些数据就可以帮助营业厅更加精准地进行用户定位营销。

（四）智能能源领域的解决方案

再看能源板块，城市能耗的优化和监控是智能城市重要的组成部分。利用大数据预测用户的能耗需求，实现多种能源的综合利用，同时通过人工智能技术模拟能源的生产环境，提高系统的生产效率，为能源企业提供科学的运营指导，优化能源企业的资源调配，建立清洁低碳、安全高效的智能能源体系。

中国能源行业中的电力行业非常重要，而电力行业最核心的是火力发电。针对这个场景，京东城市和火电厂合作，希望用人工智能技术帮助火电厂用更少的煤发更多的电且产生更少的污染。传统意义上，一个发电机组有超过 1000 多个传感器，需要 100 多个阀门来控制机组运转。在以往机理模型机组上，往往只能做到控制 1~2 个阀门来开和关，现在通过深度学习和深度强化学习，能够做到同时去控制 10 个乃至更多的阀门，能够学会精细化的操作。这个问

图 10　城市计算下智能能源领域展示

题背后的机理其实和前一段时间非常火的 Alpha Go 类似，将深度学习和深度强化学习在真实场景下进行运用。因为 Alpha Go 的状态空间相对来说比较有限，是固定棋盘上的规则，发电机组的状态是连续空间，变量非常多，而且不是完全封闭的空间，如何通过人工智能算法动态去做各种阀门调控，送水、送风是一个非常难的课题。如果这个优化效率可以提高 0.5%，推广到全国 2000 + 电厂，那每年节省下来的钱都是百亿元级的规模。图 11 是前一段时间在南宁电厂部署的系统，通过京东城市部署系统给火电厂操作一些推荐建议，从而达到运行效率提升。

（五）公共安全领域的解决方案

再看与公共安全板块相关的工作。京东城市通过对交通、气象、

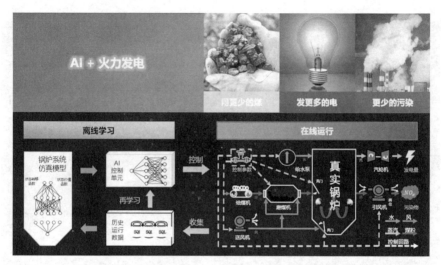

图 11　南宁电厂 AI + 火力发电系统部署示意

人口等数据进行挖掘，通过深度学习人工智能技术，发现事故背后的隐性关联，提出结合事故预防、应急响应、灾后恢复等方面的总体解决方案，全方位改善公共安全，从而提升城市居民的安全感和幸福感。公共安全主要分为事前分析预警、事中指挥决策和事后处理三部分。

对于城市管理者来说，如果能提前预知城市的人流动向，并及时做出疏导，将会大大减少交通拥堵、踩踏等公众事件发生的可能性。基于强大的时空数据处理能力和先进的人工智能算法，京东城市开发了一套实时城市级人流及流转监控和预测系统。未来，城市管理者可以根据这个模型预测人流动向，能够预测到一个城市中每个片区在未来几个小时时间里，人口流入和流出的情况。2015 年上海发生外滩踩踏事件，如果能提前两个小时告诉执法部门或者片警，在未来两小时之后，外滩会有大量人员涌入，并且这个可能是

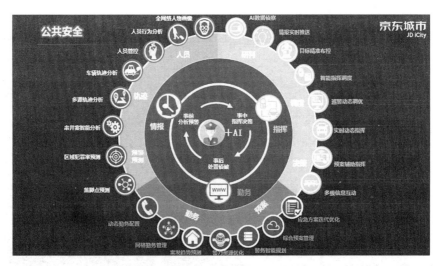

图 12　城市计算下公共安全领域展示

现有的安保警力所不能承受的，就能提前干预进而防止踩踏事件的发生。对于片区的人流量预测，还可以做到点对点的人流量预测。如果预测到外滩未来 2 个小时人流量大多是从人民广场来的，这就可以在人民广场提前布控，告诉大家未来 2 个小时外滩有很多人要过来，不需要再去外滩或者换一个游玩地址，这对提前布控会有很大便利。

（六）信用建设领域的解决方案

中国打造属于自己的信用建设体系，主要包括三个方面的内容：居民信用、企业信用和政府信用。居民信用和居民平时的衣食住行相关，企业信用和企业平时的投资、报价、贷款等相关，政府信用和政府执政能力相关。我们希望信用好的人生活更加美好，信用不好的人寸步难行。

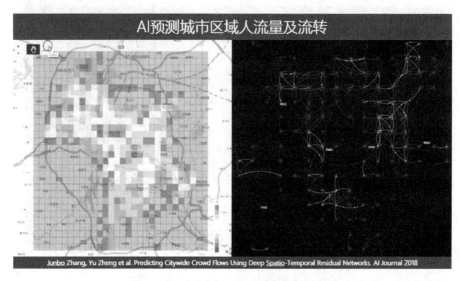

图 13　AI 预测城市区域人流量及流转展示

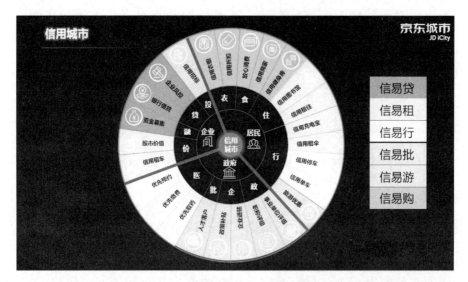

图 14　城市计算下的信用城市展示

图 15　福州智慧城市信用平台展示

京东城市在福州做了一个信用地图，这个信用地图是利用人工智能和大数据来算的，以前的信用分数多半是基于规则，但这是不合理的。因为一个企业的信用或者一个人的信用，一定是跟场景相关的。去租一个共享单车的信用和去贷款买车的信用，所考虑的因素是不一样的，贷款买车的时候有没有还款能力很重要，同样的数据在同样的纬度里面权重不一样。京东城市利用人工智能方法，能对百种纬度的数据进行计算和动态的调整。进一步，可以去预测企业的信用风险，这能告诉我们为什么企业会出现问题？原因是什么？当下国家一直在呼吁要支持中小企业，扶持中小企业贷款融资。政府经常有钱补贴不出去，有了基于人工智能的大数据，可以精准地知道企业的信用，让好的企业得到扶持。

六 智慧城市中行业的特点

1. 生态建设

现在各个城市包括市政府都希望建立整体的生态环境，而不是希望一家公司能够把所有的问题都解决。

2. 数据安全

对于不同的部门或者不同的企业来讲，其都有数据融合和数据安全的考虑，所以数据打通非常重要。

3. 商业模式

政府现在不希望企业过度依靠项目资金进行产业开发，而希望企业能够靠自己的商业模式不断自我造血。比如政府在做某个项目时投了一亿元，政府希望用这一亿元资金创造出三亿元的价值，这就需要后期经营和经济反哺相关的政策。

4. 人才缺失

尤其是在人工智能和大数据的落地领域，人才方面还是有很大的缺口，学校的课程设计远远不能解决现实需求，这就需要一部分企业和学校联合培养。

图 16　智慧城市建设中的政府痛点示意

第三篇　应用篇

关于智慧城市商业模式的几个问题

胡卫东[*]

摘要：目前，国内外都在积极探索和推进智慧城市建设。而智慧城市的可行性建设，除了政府层面的应用模式外，更关键的是进行商业模式开展，智慧城市的商业模式是智慧城市建设中的重要问题。本文从管理学角度出发，围绕建设智慧城市的两大挑战：融资和收益问题，通过探索智慧城市发展的三大有力价值点和杠杆点从根本上予以解决。并以海南琼海市为例，介绍发展智慧城市商业模式应把握的关键点，最后对商业模式中的运作问题和发展方向做系统阐述。

关键词：商业模式　智慧城市　产业化

一　引言

智慧城市的商业模式是智慧城市建设中的重要问题。众所周知，

---

[*]　胡卫东，海南省管理现代化研究会会长，海南南海经济技术研究院院长，高级经济师。

智慧城市基于物联网、云计算、光网络、移动互联网等通信和信息技术手段，通过感测、传送、整合和分析城市运行核心系统的各项关键信息，能够对公众服务、社会管理、产业运作等活动的各种需求做出智能响应，构建城市发展的智慧环境，构建面向未来的全新城市形态。目前，国内外都在积极探索和推进智慧城市建设，也遇到了许多挑战，最主要的挑战来自两个方面，其一是融资，既智慧城市建设的资金从何而来，其二是收益问题，既投资之后资金能否回收，或者是智慧城市建设的营利性问题。上述问题是当下智慧城市落地过程中亟待解决的问题。本文试图从管理学的角度，思考和观察智慧城市的商业模式。

二 智慧城市的价值所在

智慧城市的可投资性如何，或者说投资智慧城市能不能获得利润，关键在于能否发现和找到智慧城市的价值点。只有把价值点挖掘出来并进行有效的商业化改造，智慧城市才具备建设的基础。这是智慧城市建设过程中的一个重要问题。

从商业模式的角度看，智慧城市主要包含三个价值点。第一，智慧城市发展有利于政府行政管理效率的提升。智慧城市是城市信息化的终极目标和战略方向，以此作为城市管理瓶颈的突破口将带来未来城市的全新面貌再造，推进城市和谐发展。行政管理的核心就是提高资源配置的有效性。通常，资源配置有两种手段，一是政府这只看得见的手，二是市场这只看不见的手。实际上，政府的行政效率很大程度上会影响资源配置的有效性，如何通过智慧城市建设来提高政府的行政效率，通过行政管理引导营商环境的改革，是智慧城市建设当中首先要思考的问题。

第二，智慧城市发展有利于城市公共资源成本的低廉化。例如，在公共服务与管理方面，可以通过一站式市政服务，提高政府服务效率，降低运转成本；在交通管理方面，可以通过智能交通系统缓解交通拥堵，快速响应突发状况；在医疗服务方面，可以通过提供完善和及时的医疗服务，解决"看病难、看病贵"等问题；另外，智慧城市还可以创造大量知识型就业岗位，促进城市服务转型和服务经济增长。城市的最大优势就是形成人口集聚，进而可以形成公共资源的共享机制，通过共享来分担城市生活成本和培植新的税源。因此，公共体系的完善和公共服务能力有效提升是智慧城市的核心价值之一。

第三，智慧城市发展有利于推进城市产业的集聚发展和转型升级。城市发展最终必须靠产业推进，智慧城市能使企业实现商业流程整合，构建动态业务机制，降低成本与风险；简化并整合企业信息和业务，使企业运营更加高效、快捷，提供更具竞争力的产品和服务；提升产业链整体竞争优势，为城市经济的可持续发展奠定基础。同时，还可以利用各种信息资源，对高能耗、高物耗、高污染行业加强监督管理，降低经济发展对环境的负面影响，合理调配、使用资源，达到资源供给均衡，实现资源节约型、环境友好型社会和可持续发展的目标。这也是智慧城市发展的核心价值之一。

以上三点是智慧城市非常重要的三个价值点。如果智慧城市能有效地实现这三个价值点，智慧城市的商业模式是能够成立的，也就能够解决资金来源问题，能够实现整个智慧城市运营的平衡。反之，如果不能实现这三个价值点，比如政府行政能力无法提升，产业无法进行有效集聚发展，城市公共服务体系效率无法提升，那么智慧城市投资就会面临巨大风险。因此，这三个价值点能否挖掘出来，是智慧城市建设能否落地的基础性因素。

三　智慧城市的杠杆点

所谓智慧城市建设的杠杆点是一个新型城市建设的驱动性要素。智慧城市能够容纳一个系统的产业链结构，也必定有影响全产业链的杠杆点。只有找到这个杠杆点，智慧城市所有的利益相关人才会从自身的诉求出发来推动其建设和发展，否则，如果只有其中一方获益而其他各方没有获益是很难形成合力的。因此，需要观察和发现智慧城市建设的杠杆点。

在驱动智慧城市建设的杠杆性因素中，有三个关键性因素。第一，技术因素。即信息化技术的发展必定会影响整个城市未来形态的改变。因为人类生活方式演进的过程就是由农村走向城市，所有技术革命的着力点总是围绕着改变人们生活方式在发力。有专家认为，现在信息技术在产业化过程中就是把人变得越来越懒，把人变得越来越傻。信息化背景下，未来城市也会出现这种现象，当人口高度集聚、智能化公共服务体系越来越完善，城市居民可以做到不需要出门就能知道特定空间范围内的业态和服务，这些业态和服务可以很方便地获取。因此，信息技术对城市形态的改变将是巨大的，也一定会影响到整个城市经济未来的发展方式。信息技术经过了几十年的发展，已经演化到了大数据、人工智能、物联网的阶段，这将对作为人类最高级的生存和生活形态的城市产生巨大的影响。

第二，政策因素。政府政策对城市影响很大，研究城市经济发展要高度重视政府政策因素。政府为了实现自己的目标，总是要通过财政政策和货币政策来调控经济速度和结构。因此，要高度重视政府政策在智慧城市建设中的杠杆作用。过去40年，中国经济社会的发展有两个非常核心的手段，一是政府招商引资的驱动力，二是企业家盈利的驱动力。政府招商引资的驱动力表现出来的就是政策。过去40年我国经济发展主要是两大政策体系在驱动，一是简政放权，二是减税让利。一些企业家抓住了政府招商引资中政策性机会，哪里政策好他们就到哪里去，这里政策不好他们就转移到其他地方去，或者等享受完了此地的政策红利再转移到其他地方去寻找新的政策机会。目前政府招商引资政策作用已经发挥到了极限，其驱动经济增长的能力越来越弱，未来引导我国经济社会发展的核心动力应该是营商环境，政府更应该通过改善营商环境来驱动经济社会发展。改善营商环境和建设智慧城市高度相关，城市公共服务水平、法制化环境、政府行政能力都是未来营商环境的核心要素，因此，要高度重视通过智慧城市建设来改善营商环境。

第三，城市发展对信息化的需求因素。这种需求是刚性的，以信息化为基础的现代服务业将成为全球经济的主要增长引擎。国内外许多经验证明，通过对信息技术的充分利用，可以促进信息交流和知识共享，提高经济增长质量，推动社会经济发展。信息化水平已成为城市高质量发展的基石，可以满足人们对美好生活向往的基本要求。

四　智慧城市的模式

有些专家从政府角度出发思考智慧城市的模式，是一般性的运营模式，是典型的应用模式。实际上，智慧城市模式涉及两个层面，一是政府层面的应用模式，二是商业化展开过程中的商业模式。商业模式和应用模式并非一个概念。智慧城市的可行性建设则必须讨论商业模式，商业模式是价值点和杠杆点集合的一种商业化逻辑体系，是我们讨论的重点。关于智慧城市商业模式，主要讨论智慧城市在上述三个杠杆点的推动下，会演化成一种怎样的商业形态和商业模式。

（一）智慧城市的商业模式

商业模式有很多不同的表达，其中一种商业模式就是投入产出的商业逻辑体系。它清楚说明一个项目如何通过价值链定位形成收支平衡并获利，其本质就是利益相关者的交易结构。利益相关者包括：外部利益相关者，如顾客、供应商、其他各种合作伙伴和内部利益相关者，如股东、企业家、员工。商业模式的关键就是为各方利益相关者提供一个将各方交易活动相互连接的纽带。

讨论商业模式应把握三个关键点。第一，要符合增收节支的原则。任何商业模式如果不能够把握增加产出，减少支出，则该商业模式不能成立。第二，要有支点或杠杆点。通过该支点撬动整个产业链，在智慧城市建设中，必须精准找出能够撬动整个产业链的支点。第三，要有价值点。即通过讲述动听的商业故事，展示美好的前景，来打造智慧城市的价值点。然而目前智慧城市整个产业链上的撬动点还没有找到，比如：在智慧城市建设和运营中的收入和产出平衡问题。因此要认真研究智慧城市的利益相关人各自的利益诉求，把不同的利益诉求进行有效集成，通过最大公约数来发掘这个平衡点。这是设计智慧城市商业模式的基本方法。

以利益相关人利益的分析法则为例做一个假设性分析。假定整个智慧城市是一个完整的业务系统，首先必须清晰把握投资者、政府、金融机构、城市居民等利益相关人在智慧城市中的利益诉求。其中，政府是智慧城市建设最核心的利益相关人，投资者是利益相关人之一，金融机构在和智慧城市项目发生借贷关系的基础上，也成为项目公司的利益相关人之一，也包括其他产品供应商。这些利益相关人在整个智慧城市中的利益诉求以海南琼海市为例进行说明。

海南作为岛屿经济体，最大的问题是经济腹地小，导致市场容量小，产业配套能力低。如果在琼海建设智慧城市，首先要从政府利益诉求方面来思考如何带动产业发展，而影响产业发展的关键是能否扩大经济腹地，能否通过扩张经济腹地，带动产业发展培植城市发展新税源，进而再通过税源增加来提高城市公共服务能力并营造有效的营商环境。

琼海如果要建设智慧城市，首先应该提高经济腹地的深度和广度。琼海在做医疗先行试验区，可以考虑将医疗试验区变成智慧型医疗试验区，通过智慧城市的基础设施和互联互通智能体系，把琼海的医疗先行试验区办成面向全球的医疗试验区，扩大除海南之外的全球客源市场，有效扩展其经济腹地，琼海只有将医疗产业做到世界级规模的医疗产业平台时，政府在中间的利益就有可能得到满足。相反，如果不能有效带动产业，政府投入的资金和公共服务设施，都无法变成有效的资产。通过上述分析有三个问题需要说明：第一，分析智慧城市利益相关人的利益诉求。第二，找到在智慧城市建设中价值点的优先级。优先级一定是产业，没有产业是没有其他出路的。第三，确保产业的形成。产业形成之后才能满足利益相关人的共同利益诉求，也才能确保智慧城市可持续发展。

（二）商业模式中的运作问题

智慧城市商业模式中的城市单元社区商业化运作问题。一般城市内部都会形成若干个社区，城市的基础就是社区，在社区智慧化运营当中如何形成个性化的商业模式，也是智慧城市商业模式设计必须重视的问题。可以从以下几个方向思考。首先，从社区的整体功能中设计盈利点。社会有三个大主体，即政府、企业和社会组织，政府是非营利组织，不以营利为目的，而社区智慧化第一个功能点就是政务服务，所以政务服务体系当中是没有盈利点的。其次，物业服务的承担主体问题。社区里面提供的物业服务，如果建立企业化和市场化的运作体系则一定会形成盈利渠道。再次，商家服务问题。为商家提供商务性的服务，一定是有盈利点的。最后，可盈利要素的整合。如：电商服务、物流服务、医疗服务、交流服务等都可以形成盈利渠道。即在整个社区盈利模式当中，将社区功能进行分解，把可以盈利的要素进行深度整合和包装并产品化，然后再进入整个产业链中，让其进行有效运作。

（三）智慧城市商业模式的发展方向

我国正进入全面深化改革的新阶段，政府配置资源的方式和深度都在进行全面调整，未来智慧城市商业模式也将不断创新和演化。从智慧城市商业模式的本质看，智慧城市建设和运营中必须要找到其有价值的核心资源，并探讨这种核心资源产品化、商业化和市场化的路径，这种路径会直接影响智慧城市的建设。而根据信息技术演化的趋势和城市管理的内在需求，未来智慧城市最有价值的核心资源就是大数据。随着信息技术的发展，感知技术不断进步，在感知技术的推动下，人类的万事万物都将数据化，没有数据化就没有可能感知，感知的前提就是数据化。在未来智慧城市的建设中，最核心和最有价值的资源就是数据。把整个城市建立起来之后，如何将所有的数据进行集中，是智慧城市的基础性资源。大数据就是统计系统以外的数据，相反，如果是统计系统以内的数据则不是大数据。比如一个人在讲话，感知系统会通过他的讲话内容感知出来他说话有何规律，提供了何种信息，并将其内在逻辑知识体系是怎样的给演示出来。这是未来城市行政管理的基础和产业市场化预测的基础。

因此，在下一个阶段，无论是政府运营模式还是企业构建商业模式，在整个智慧城市产业链上最核心的、最需要突破的是数据的产业化。只有数据的产业化，智慧城市在运营的杠杆点上才能有效化，才能形成杠杆点和利润源，无论是政府运营模式还是企业的商业模式，都可以通过数据的有效开发和运用来构造未来新的运营模式和商业模式。

数字化治理的现状与挑战

江　青[*]

摘　要: 本文通过阐述我国大数据发展的历程,利用大数据发展水平指数描述我国大数据发展现状,并在此基础上,阐述大数据为社会治理提供的方便,并从我国当前实际出发,分析当前数字化发展面临的主要问题及挑战,并针对这些问题与挑战提出相关措施建议。

关键词: 数字化　数字治理　大数据　领导决策

一　从大数据到数字化治理

(一) 大数据在我国的发展历程

2012 年 12 月 27 日, 时任国家统计局局长的马建堂在全国统计工作会议上对"大数据时代"进行解读,并就政府统计部门如何应对大数据时代的机遇和挑战提出明确的要求。这是我国官方首次直

---

* 江青,中国统计信息服务中心大数据研究实验室主任。

面大数据时代的到来。

2012 年 12 月 30 日，中国科学院院长白春礼院士在"中国科学与人文论坛"上呼吁，中国应制定国家大数据战略。白春礼提出，中国制定国家大数据战略的主要内容应包括：构建大数据研究平台，突破关键技术；构建大数据良性生态环境，制定支持政策，形成行业联盟，制定行业标准；构建大数据产业链，促进创新链与产业链的有效嫁接。

2013 年 1 月 19 日，由成思危教授（已故）、李国杰院士发起，在中国科学院虚拟经济与数据科学研究中心举办的"大数据背景下的计算机和经济发展高层论坛"上，包括多位院士在内的国内外 40 余位学者和有着大数据应用实践经验的政府部门代表和企业代表积极讨论大数据的应用价值，与会者一致呼吁将大数据发展上升到国家战略层面。会议组织者石勇教授认为，大数据的应用在于分析和创造价值。政府部门可以利用大数据的挖掘结果，用科学方法制定政策；企业可以利用大数据使利润最大化；学者则可以利用大数据寻找科学规律，支持社会经济发展。

2014 年 3 月，"大数据"首次被写入《政府工作报告》，国务院总理李克强在多个场合提及这一"热词"。对于国家治理，大数据起到的作用是战略性的。部分地方政府敏锐地察觉到大数据的机遇来临，上海、广东、贵州、陕西等省市提出了发展大数据的规划，以打造大数据在地方的相关产业。

2015 年 3 月，李克强总理在第十二届全国人民代表大会第三次会议和政协第十届全国委员会第三次会议上提出"互联网+"，肯定了大数据应用的战略意义，在全国上下引起了热烈反响。人们开始发现互联网、大数据真正的潜力：它可以用在国家治理的各个层面，包括国家安全、政府统计、经济预测、舆情监测，也可以用于金融投资、社会研究，而更多的则可用在政府管理决策上，例如事前决策辅助、事中履职监督、事后效果评估。

2015 年 8 月，国务院正式印发《促进大数据发展行动纲要》，纲要明确，推动大数据发展和应用，在未来 5 至 10 年打造精准治理、多方协作的社会治理新模式，建立运行平稳、安全高效的经济运行新机制，构建以人为本、惠及全民的民生服务新体系，开启大众创业、万众创新的创新驱动新格局，培训高端智能、新兴繁荣的产业发展新生态。

2015 年 10 月，党的十八届五中全会开启了大数据建设的新篇章，大数据在我国第一次被写入党的全会决议中，五中全会公报提出要实施"国家大数据战略"，这标志着大数据正式上升为国家战略。此后，各地、各部门相继推出与大数据发展有关的政策措施，大数据被迅速推广。

2016 年 12 月，工业和信息化部正式发布了《大数据产业发展规划（2016～2020 年）》（工信部规〔2016〕412 号，以下简称《规划》）。《规划》是引领 DT（数据处理技术）时代的指导性文件，设计内容包括推动大数据在工业研发、制造、产业链全流程各环节的应用，支持服务业利用大数据建立品牌、精准营销和定制服务等，提出了我国大数据发展的顶层设计，是我国未来大数据发展的纲领性文件。

目前，我国大数据正在步入发展期，大数据将为社会经济发展提供更广泛有力的支撑，并有望在"十三五"期间带动万亿元市场规模的 IT 服务业转型。随着国家各项政策的出台落实以及地方政府推动政务信息资源共享开放的进程加快，大数据在政务领域的应用将会逐步深化，成为提高宏观调控、市场监管、公共服务有效性的重要手段，有力支撑政府行政服务效能的提升和社会治理手段的优化。政务大数据将进一步提升政府服务效能和社会治理水平。

（二）我国大数据发展水平

第六次的《首页·大数据发展水平指数》指出，2018 年，我国大数据水平指数为 69.07，比 2017 年提升了 1.39，大数据产业发展水平稳步提升①（见图 1）。

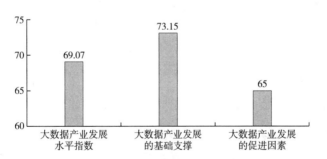

图 1　我国大数据发展水平指数

2018 年，我国大数据产业发展的基础支撑指数为 73.15，较 2017 年的 71.42 继续上升，大数据产业发展的支撑基础越发牢固。2018

---

① 《首页·大数据发展水平指数》，由首页大数据研究出品，该指数的对象包括全国 31 个省份，100 个主要城市，评价涉及的内容包括基础支撑（规模水平、效率水平、可持续水平、稳定性水平）和促进因素（产业环境、人才培养、政策支持、社会监督）两个方面。

年，贸易战及国内产业结构调整转型升级给国内经济发展带来了前所未有的压力，在中央政府坚强领导下，坚持推动高质量发展，保障国民经济运行保持在合理区间，全年国内生产总值为 90.03 万亿元，同比增长 6.6%，实现了 6.5% 左右的预期发展目标。2018 年，国民经济运行总体平稳、稳中有进的态势表明我国支撑大数据产业发展的经济基础更加雄厚；并且近年来，我国各类高素质人才稳步增加。截至 2018 年底，我国有两院院士 1790 人，享受国务院政府特殊津贴专家 18.1 万人，国家百千万人才工程入选者 5729 人；留学回国人员总数达 313.2 万人，建成各级各类留学人员创业园 351 个；博士后科研工作站设站总数达到 3396 个，博士后科研流动站总数达到 3010 个，为大数据产业的发展打下了良好的智力基础。

2018 年，我国大数据产业发展的促进因素指数为 65.00，较 2017 年的 63.94，有小幅提升，促进大数据产业发展的因素不断优化。大数据产业发展方面的产业环境在不断完善，互联网、信息技术产业产值不断增加，为大数据产业的发展创造了良好的基础；各省区市政府不断加大政策支持力度，从基础建设、计算、人才、应用等大数

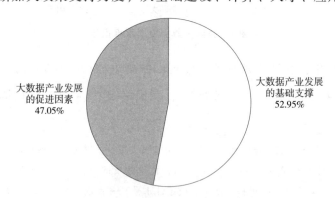

大数据产业发展
的促进因素
47.05%

大数据产业发展
的基础支撑
52.95%

图 2　我国大数据产业发展水平指数构成

据相关领域入手，推进大数据产业跨越式发展；不仅如此，各省区市也积极运用多种形式，积极引进人才，助力各地产业发展，多种渠道宣传大数据产业发展和实践应用等相关内容，为产业发展营造了良好的舆论环境。

由图2可以看出，在指数构成方面，基础支撑和促进因素两个维度对大数据指数的贡献分别占52.95%和47.05%，与上期相比，促进因素维度占比有小幅下降，说明各省区市在促进大数据产业发展的相关领域和措施方面的作用效果有减缓趋势，大数据产业发展对地区基础支撑的依赖性逐渐增强。目前，各地发展大数据进入一个新的阶段，在依靠优惠政策吸引企业之后，如何增强企业对地方大数据产业资源的黏性是当前地方政府需要急切考虑的问题，差异化政策和帮助企业分析、解决当前大数据产业发展的痛点问题才能提高本地大数据产业的发展水平。

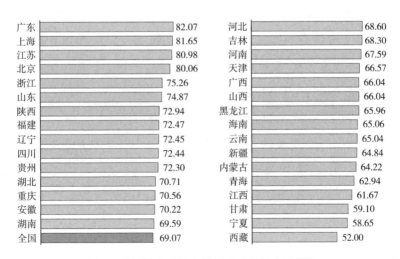

广东	82.07		河北	68.60
上海	81.65		吉林	68.30
江苏	80.98		河南	67.59
北京	80.06		天津	66.57
浙江	75.26		广西	66.04
山东	74.87		山西	66.04
陕西	72.94		黑龙江	65.96
福建	72.47		海南	65.06
辽宁	72.45		云南	65.04
四川	72.44		新疆	64.84
贵州	72.30		内蒙古	64.22
湖北	70.71		青海	62.94
重庆	70.56		江西	61.67
安徽	70.22		甘肃	59.10
湖南	69.59		宁夏	58.65
全国	69.07		西藏	52.00

图3　全国及各省份大数据产业发展水平指数

如图 3 所示，2018 年各省份大数据指数中，广东、上海、江苏、北京四个城市超过 80 分，分别为 82.07、81.65、80.98、80.06；浙江、山东、陕西、福建、辽宁、四川、贵州、湖北、重庆、安徽、湖南大数据指数分别为 75.26、74.87、72.94、72.47、72.45、72.44、72.30、70.71、70.56、70.22、69.59 低于 80 但高于 69.07 的全国水平；河北、吉林、河南、天津、广西、山西、黑龙江、海南、云南、新疆、内蒙古、青海、江西大数据指数高于 60 但低于全国水平，分别为 68.60、68.30、67.59、66.57、66.04、66.04、65.96、65.06、65.04、64.84、64.22、62.94、61.67。其余省份大数据指数均低于 60。总体来看，全国 31 个省份中，15 个省份大数据指数高于全国水平，占比 48.4%，与上期比例持平，地区大数据产业发展整体水平有所提升。

需要指出的是，贵州在 2014 年启动贵阳大数据的时候，是举全省之力发展大数据，期望实现弯道超车，从目前的数据结果来看，贵州省的 GDP 增长率确实是在全国排名靠前的，但是总量还是没有太大的优势，想要依靠大数据实现弯道超车，可能还需要在其他地方发力，有效地避免替代效益。

九个省份成为大数据产业发展先进地区。

以大数据产业发展的基础支撑和大数据产业发展的促进因素两个维度组成矩阵，分别以两个维度的全国指数为交叉点（0 点），以各省份指数排序（高于全国指数为正数，低于全国指数为负数）为观测值，构成四个象限分别代表不同的指数评价标准，表现各省份之间在大数据产业发展水平上的比较优势。

如图 4 所示，在第一象限，江苏、上海、广东、山东、四川、北

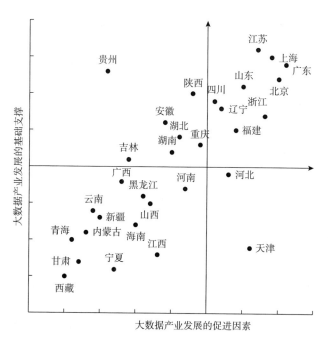

图4　各省份大数据产业发展指数矩阵分析

京、辽宁、浙江、福建9个地区的大数据发展水平为先进地区，这些地区有一个统一的特征都是经济发展水平处于全国先进行列，且多位于我国东中部地区。第二象限是大数据产业发展的积极地区，可以发现相当突出的贵州。众所周知，贵州这些年都在打造大数据发展名片，但是其基础经济的支撑作用远远不如促进因素的作用，很多场景化的应用在贵州地区并没有发展起来，即经济内生动力不足，其口号远大于发展实际。第三、第四象限分别为大数据发展的改善地区和潜力地区，在基础经济发展及产业环境促进方面均需要继续加力。

（三）大数据为社会治理提供新思路

告别"拍脑袋"决策，用事实说话，不仅仅是专家们的呼吁，更是近年来国家高层反复强调的"治国方略"之一。2015 年 3 月 5 日，国务院总理李克强在十二届全国人民代表大会第三次会议上所做的《政府工作报告》中提出："大道至简，有权不可任性。"6 月 17 日，李克强总理在国务院常务会议上强调指出："运用大数据等现代化信息技术是促进政府职能转变，简政放权、放管结合、优化服务的有效手段。"同时，明确指出基于大数据应用的决策数据化是政府改革创新的重要内容。

复旦发展研究院传播与国家治理研究中心主任李良荣教授也曾指出："政府的一元意志与社会各个阶层之间的多元诉求是国家治理的重点。"必须有效全面了解动态中的民情民意，并与政府意志结合，才能形成社会的"最大公约数"，形成制定方针政策的基点。

过去，开座谈会、做民情调查等方式获取民意的方法存在覆盖面小、时效性差、反馈渠道不畅通的问题，形成了"中梗阻"，且成本高。到了互联网时代，使用大数据等现代化信息技术为国家治理打开了新思路。李良荣说，从全球范围来看，电子商务、互联网金融、科技创新等发展迅猛，但政府在大数据运用上才刚刚起步。

"我们希望通过对数据的深度挖掘，以较低成本了解民情的真实情况，从而将社会的多元诉求整合到政府的治理框架中，形成更有效的治理框架。"李良荣表示，运用互联网这一新工具测量、收集、转换成数据，通过改进方法和算法的深度挖掘，才能得出对于问题的结构与逻辑性的认识，多元框架与多元问题就可以有效地结合起来，变成一个上层完整、下层活跃的有机体。

而广东社科院院长王珺教授则指出，当前社会治理出现了三个特征：首先是利益主题多元化，传统的社会管理是管理与被管理者的二元结构，而现代社会治理则是以多种利益主体为基础，如政府、企事业单位、社会组织、行业组织与社区组织等；其次是大数据技术的广泛应用；最后，这也因此形成了第三个特征，社会治理变成了政府主导下的合作共治。王珺表示，传统社会管理已不适应新时期发展的需要，而新管理模式尚未建立起来，为有组织、有秩序地平稳推进，需要在政府主导下，以人为本，多方参与，共同探索合作共治新模式。

南京大学南海研究协同创新中心副主任沈固朝教授，则以"以海疆维权为例"，发表了《大数据时代如何提高我国舆论的国际话语权》报告，他建议，面对海量数据，我们必须学会运用技术，将数据转化成中数据、小数据，应用到国际话语权提升的实践中。沈固朝认为，在海疆维权中建设证据链，目前国外已经有全信源情报的概念，其实就相当于"大数据"，将影像库、文献库、法律库、地图库、动态库五库关联起来。因此，他建议，建设国际话语权要从舆论、大数据、证据链三方面入手，将大数据变为用户能处理的小数据，并从小数据中提取服务于决策的情报和知识。

用大数据框架数据汇聚与数据分析能力实现社会服务管理工作的创新，可以显著提升网格化管理和社会服务的综合能力。汇集政府部门内部和社会的基础数据，通过动态民情民意采集系统、街道社区的居民民情日志和事件台账数据资源等扩充社会数据，有效地覆盖街道、社区和网格；在数据汇集层，汇聚起人、地、事、物、情、组织、房屋等多维数据库，实现指标数据的相互关联；在数据分析层，围绕网格化社会管理、社会服务和社会参与三条主线，运用统计分析和挖掘分析技术，重点分析对人的管理和服务数据背后的规律特征；在能力提升层，政府部门基于数据分析结果实现联动和共享，政府与居民基于数据共享服务平台实现互动交流。

借助大数据框架的相关技术，可以及时发现在经济社会转型期不同人群的公共服务需求，优化工作力量的配置，提升部门工作效率，改进基层政府管理工作，提高公众满意度。

北京市东城区社会服务管理综合事务中心利用大数据框架数据分析技术，专门定制对社会服务管理信息平台上重点服务人群的诉求信息进行统计，并对这些诉求的处理情况进行追踪分析，及时发现近期公共诉求集中的事件，集中安排人力重点解决。如在2012年底，天气变冷，社会服务管理信息平台的统计分析结果表明，与供暖取暖问题相关的民情和台账数量大幅增加，东城区相关部门根据这一情况，及时组织专项活动，排查重点地区供暖问题，有效预防和解决了各类由取暖导致的火灾隐患。

以上案例充分表明，大数据时代对政府治理提出了新的要求。政府需要全面、快速、及时占有信息，过滤无效误导信息，使用逻辑分析和数据分析方法及时进行信息公开、共享，对自己关注领域的典型案例进行深入剖析，形成案例库以便指导日后工作。

（四）数字化治理初探——智慧城市建设

2015年5月，国际教育信息化大会开幕，国家主席习近平在贺信中说，当今世界，科技进步日新月异，互联网、云计算、大数据等现代信息技术深刻改变着人类的思维、生产、生活、学习方式，深刻展示了世界发展的前景。

20世纪90年代，"智慧城市"这一理念即在世界范围内悄然兴起。许多发达国家将城市中的交通、水、电、气、油等公共服务资源信息通过互联网有机连接，更好地服务于市民生活、工作、学习、医疗等方面的需求，以及改善政府对环境的控制、交通的管理等。

建设智慧城市的目的是提高人居质量，而大数据是提高人居质量的"高手"。大数据驱动下的智慧城市，会给每个人的生活带来便利，如天气预报会告诉你每天的空气污染指数、穿衣指数、驱车安全指数等。2009年，迪比克市政府与IBM公司合作建立了美国第一个智慧城市。它们利用物联网技术，在一个有6万居民的社区里将各种城市公用资源连接起来，监测、整合和分析各种数据以做出智能化响应，更好地服务市民。迪比克的第一步是向住户和商铺安装包含低流量传感器技术的数控水电计量器，以防止水电泄露造成的浪费。迪比克同时搭建综合监测平台，及时对数据进行分析和展示，整个城市资源的使用情况通过数据做到了清晰掌握。

欧洲的智慧城市发挥信息通信技术在城市生态环境、交通、医疗、智能建筑等民生领域的作用，发展低碳住宅、智能交通、智能电网，提升能源效率，应对气候变化，推动城市低碳、绿色、可持续发展。新加坡则通过各种传感器数据、商业运营信息及丰富的用户交互体验数据，为市民的出行提供实时、有效的交通信息指导。

就我国而言，随着2014年国家发改委等八部委《关于促进智慧城市健康发展的指导意见》的联合下发，智慧城市建设正式进入顶层统筹期。2015年2月，由26个部门和单位组成的"促进智慧城市健康发展部际协调工作组"建立，正式开始全国智慧城市工作的统筹落地。最近几年，部门之间的信息壁垒逐渐破冰，一些智慧城市的局部智慧应用样板也应运而生。以银川为例，政务信息化打通了12

个单位的 23 个系统，市民可以选择一个窗口一次办完所有的申请，信息则在不同部门间流转，企业申请商事登记时间从一个月压缩到了一天。目前，银川全市各级部门开通党务微博 515 个，形成了规模化、系统化运行机制，构建了市、县（区）、镇三级政务微博平台组织体系和水、电、暖、燃气、公交等关系民生的公共服务体系。遇到问题，只需要 @ 问政银川，即可限时办结诉求，办结率高达 97.1%。同时，政务微博还私信网友对问政满意度进行打分评价，对懈怠办理进行监督问责。

再如江苏如皋、北京通州等地的智慧城管，依托感知、分析、服务、指挥、监察"五位一体"的城管物联网平台建设，依托遍布全市区的高清摄像头和网格员队伍，实时监测、采集相关城市管理的数据，及时分析帮助城市管理，较好地强化了服务能力建设，提升了快速回应群众诉求的互动能力和应急管理能力，实现从数字城管向智慧城管的跨越，改善了城管的形象。

智慧城市的核心还是大数据应用，这可以打通智慧城市建设的"最后一公里"。更重要的是，建设智慧城市的关键是实现跨部门和面向社会的大数据开放，是面向民生等各个领域的大数据应用，以打造更宜居的城市环境、更智能的城市生活、更幸福的百姓体验，倒逼政府职能的转型、实现行政流程的再造，这是一条可行的道路。

二　数字化发展面临的主要问题

数字化治理的基础是智慧城市的建设，经过将近十年的探索，依然没有成功的智慧城市案例，通过对我国各个地方智慧城市考察调研发现，当前阶段智慧城市建设更加注重物化、基础建设层面，缺乏对城市本身的治理内容服务方面的考虑。同时，我们知道智慧城市的核心就是大数据应用，这可以打通智慧城市建设的"最后一公里"，而在大数据应用方面，企业和政府都遇到了很多的麻烦，当前存在的问题却并不简单。

（一）数据有效利用率偏低

在政府数据方面，伴随着"放管服"政策的逐步深化，数字中国战略更加明确，政府网站实现信息公开，在医疗领域建立电子档案，各地纷纷实现网上服务，打通数据通道实现数据共享，建设政府数据平台等等，取得的效果也是有目共睹，我们也能真真切切感受到便利化了我们的生活、工作。但同时，我们还应该发现，要实现数字化治理目标，我们还有很长的路要走。数据共享目前还很难做到，一些部门内部，同一系统内的数据通道暂且难以打通，更不用说在整个政府层面、各个部门之间的数据通道，这里有两方面的主要问题，第一，政府部门的数据资产涉及的部门、产业、系统范围较广，同一系统内的政府公开数据，暂时还未做到指标相同、格式统一、数据规则相同，难谈数据利用，即目前政府部门的工作人员"数商"降低，更难以想想如何将各个系统的数据通道完全打通。在总体层面上打通数据通道，还需要进行更加深入、广泛的调查研究，并且需要加强对政府工作人员"数商"的培养。第二，基于数据安全、业务权限的问题，不管是技术部门还是业务部门都需要在顶层设计方面进行全面的考量，同时也需要将"人"的因素考虑进去，如何将"人"的因素量化。

在企业数据方面，相较于政府来说，其数据利用率比较高，但是从企业的成本层面来讲，也是较低的。以我国的三大运营商来说，数据质量属于高价值数据，但是根据实际调研结果，它们的数据使用率还不到20%。在我国，三大运营商暂且如此，更不用说其他的企业，目前摆在企业面前的最主要的问题是数据的存储成本远远大于其所产生的价值，数据资产价值未得到有效挖掘。从企业角度出发，急需建立一支专业的数据团队挖掘内部数据资产价值，自建数据团队或者雇用第三方的专业数据公司，两者各有利弊，自建数据团队优点是对业务数据比较了解，缺点是缺乏专业的技术支持，学习新的大数据技术需要一定的时间成本；雇用第三方数据公司，往往只需要补充一些相关企业的业务知识即可，总体上上手较快。

（二）复合型数据人才匮乏

随着我国大数据发展的不断深入，高端综合性人才短缺问题日益突出，相关岗位供需不均衡的现象也逐渐显现。数据分析、系统研发等技术岗位大多"供不应求"，同时，通过分析招聘网站的数据发现求职者的学历与招聘需求出现了错位，高学历（硕士以上）的招聘需求低于求职数量占比，而对低学历（大专以下）的需求则相反，出现了"高学低就"的现象，同时也限制了大数据产业的发展。

目前大数据发展面临的首要问题就是数据管理环节漏洞较多，包括由该问题引发的运营成本过高、资源利用率低、应用部署过于复杂和扩展差等难点。数据资源保护的相关法规和保障信息安全开放的标准规范仍然缺乏，多数企业对数据的管理能力不足，尚未建立完备的数据管理体系以及兼顾数据的安全与发展。另外，技术发展相对滞后的问题也较为突出，主要包括技术创新能力不足、技术壁垒仍存等。目前遇到的这些问题需要在大数据行业浸淫多年的专家、学者在产品应用初期对相关问题进行优先考量，而在这方面，我国目前的专业复合型的人才还比较匮乏。

（三）数字化应用场景单一

目前我国大数据应用的重点主要集中在政务、工业、农业、金融、医疗、营销、交通、电信等方面，应用场景日益丰富。互联网行业的大数据应用场景目前最为成熟，得益于其广泛的用户及数据资源，用户行为分析帮助电商企业针对客户进行精准营销，今日头条、抖音等"魔性"App更是将推荐系统的价值发挥得淋漓尽致，广告投放系统也帮助视频平台提高服务品质。金融行业的高频交易、社交情绪分析和信贷风险分析为企业所创造的实际价值已经得到认可。在汽车领域，无人驾驶技术已经成熟，目前的难题在于道德伦理审查。这些目前是我国大数据应用较为成熟的案例，但我们知道国民经济不仅仅是互联网、金融等高技术企业，在经济下行压力下，目前受影响最严重的莫过于我们的制造业，如何利用大数据技术帮助企业实现从传统企业向数字企业转型升级，帮助我国工业实现由原来的人力密集型加工厂向高品质产品生产者转型，努力实现后来者居上是目前政府及企业都致力于解决的问题。

三　实现数字中国的措施

"未来早已来到我们身边，只是分布还不均匀，而非仅是对未来的幻想。大数据已在我们身边，但大数据在大多数行业还没有找到适合的位置。"这是清华大学副校长杨斌对大数据现状的概括，大数据已经成为我们这个时代的一个支点。进入互联网时代，企业经营、百姓消费、政府监管、社会组织服务过程中所产生的大量数据，将有助于政府部门提升决策和管理水平，完善市场秩序，有效进行市场监管，更好地为消费者服务和保护消费者权益。加快我国数字化建设和提升电子政务的效率，需要从以下三个要素出发。

（一）培训大数据思维

睿智的领导者将会摒弃传统决策和管理方式，迎接大数据时代新型管理决策模式的到来。思维是适应任何时代最重要的基础。现在很多人都在空谈大数据，但事实是拥有大数据的永远只是行业中的少数巨头，当下的世界已经不可逆转地进入数字技术时代，整个中国发展都要善于运用大数据思维，社会也需要适时进行数据思维重构，每个人都不能拒绝大数据思维。

虽然个人不可能拥有大数据，但可以利用其思维来管理及分析日常数据，养成一种重视数据分析解决问题的习惯。要养成用大数据思维解决问题的习惯，就需要我们善于利用外部大数据指导决策。一些互联网公司的数据可以算得上大数据，比如 BAT，可以通过百度查询一个关键词的热度来决定自己的旅游路线，也可以通过查询天猫的评论数据来决定自己是否购买一件产品。

有了大数据思维，我们自然会重视数据的作用，会更加规范地管理数据以及进行数据分析。尤其是领导者，如果不具备数据思维，将会被时代无情地淘汰掉。无论是领导者还是基层人员都要重视数据的力量，努力培养自己的大数据思维。

（二）培育大数据环境

在经济发展过程中，在中央反复强调简政放权和转变政府职能的大背景下，政府的宏观调控和市场监管作用必不可少。政府部门要把更多精力放到培育产业环境上，做到有所作为，尽快培育大数据与产业融合发展的健康环境。

互联网时代的到来让我国的经济、社会发展迅速与国际接轨，未来中国的发展将如中国高铁般奋起直追，但政府在培育产业环境的过程中，明确自身的定位尤为重要，要营造良好的创新创业环境和政策氛围，以诚信体系、法制体系来确保企业的良性发展。政府更应该提供各方面信息供企业参考，关键时刻也可以直接为企业提供智库咨询，要创新监管，做好政府服务角色。

大数据是市场的产物，是互联网发展的必然结果，也是市场化程度最高的行业板块。大数据发展真正需要政府搭台、企业唱戏的健康环境，这也是政府今后努力的方向。

（三）培养大数据复合人才

我国能否在互联网＋大数据时代这一轮新的国际竞争中取得胜利，人才是关键。

大数据时代不但需要复合型的高端管理、科研和开发人才，更需要众多基础开发、项目实施和维护人员。我国已经开设有云计算和大数据相关专业方向的普通高校和高职院校，截止到2018年3月，有283所院校获批开设大数据本科专业，多所高校开始招收主攻云计算和大数据方向的硕士和博士研究生。

　　大数据产业化涉及大数据科学、大数据技术、大数据工程和大数据应用等领域，人才缺口极大，而面对如此大的需求缺口，以中国现有的教育水平、教育机构效率来看，很难在短时间内满足发展需求，政府应注重营造良好的大数据人才发展环境，加快实施前瞻性的人才培养计划。尽管本科和研究生教育层次的专业和方向建设开始启动，但是人才培养的过程相对较长。大数据应用迫在眉睫，现阶段的问题是如何保障当下的大数据应用需要而进行在职培训，这也成为一个需要格外重视的问题。

　　我们应当看到和承认我国当前大数据发展中存在的问题和挑战，更应该看到我国产业发展面临的新机遇，只要抓住时机，重视培训领导者大数据思维、培育大数据发展环境、培养大数据复合人才这三个要素，中国必将迎来互联网＋大数据时代更加辉煌、更是竞争力的发展前景。

参考文献

［1］江青：《数字中国——大数据与政府管理决策》，中国人民大学出版社，2018。

［2］王振：《以数字经济引领产业变革》，《浙江日报》2018 年 9 月 1 日。

［3］黄少宏、谢颂昕：《政府运用大数据决策告别"拍脑袋"》，《南方日报》2015 年 7 月 1 日。

［4］陈之常：《应用大数据推进政府治理能力现代化——以北京市东城区为例》，《中国行政管理》2015 年第 2 期。

共享经济：规范与发展

张新红[*]

摘要： 共享经济在过去十年迅速成长的同时出现一些新问题，在监管方面也面临许多新难题。共享经济发展过程中，用户权益保护难题进一步凸显，新业态与传统属地管理、城市管理方式的矛盾突出，过度竞争和过度集中问题引发热议。在监管中面临情况不明、手段缺乏责任边界难界定等问题。监管创新需要坚守五大原则：鼓励创新，包容审慎；多方参与，协同治理；底线思维，弹性均衡；分类施策，区别对待；有的放矢，精准有效。在监管内容上，应该在理念创新、技术创新、模式创新和制度创新方面找到着力点。

关键词： 共享经济　发展问题　监管创新

在过去的十年里，我国共享经济成长之快、渗透之广、影响之大几乎超出了所有人的预料。而伴随着这些年的迅速发展，共享经济暴露出的问题开始进一步凸显，已经出台的一些措施明显失当又引发了一些新问题，对新经济业态缺乏了解也让监管方有无从下手之

---

[*]　张新红，国家信息中心首席信息师、分享经济研究中心主任。

感。所有这些，都使得共享经济监管变得十分棘手。近年来关于加强
监管的呼声日高，但如何创新监管才能保障共享经济规范健康发展，
的确需要大智慧。

一　共享经济发展遇到新问题

基于互联网的现代共享经济的产生可以追溯到 20 世纪 90 年代中
期，但真正开始快速发展是在 2008 年金融危机之后。由于共享经济
具有低成本、低门槛、低污染和高效率、高体验性、高可信度等明显
好处，对于带动经济增长、方便人们生活、促进环境保护、创新就业
模式等方面有积极成效，所以多数国家对共享经济发展采取了较为
包容的态度，中国更是如此。而随着实践的深入和人们认识的增加，
共享经济发展中的一些矛盾和问题也进一步显现出来。这些问题主
要包括：

一是用户权益保护难题进一步凸显。共享经济的快速渗透和广
泛普及，引发个人信息安全、押金风险、社会福利等用户权益保护难
题。在平台责任界定不清、诚信体系不健全以及先行赔付机制缺乏
等情况下，共享经济面临"监管难、取证难、维权难"的挑战。这
些问题在共享单车、共享住宿、共享私厨、共享无线保真（Wi-
Fi）、共享金融等领域都有不同程度的体现。

二是新业态与传统属地管理之间的矛盾更加突出。传统监管体系
强调属地管理、行业管理、科层管理，与共享经济的跨区域、跨部门、
跨行业等发展实践的现实需求不匹配，"一个平台、服务全国"的运营
特点与传统的属地管理制度之间的冲突日益凸显。以网约车管理为例，

各地出台的网约车管理措施基本延续了传统出租车管理体制和做法，所有的网约车平台企业都要适应出租车的属地管理要求，要求在本地设立分公司并取得行政许可。按照这样的要求，滴滴出行要获得全国300多个地级市的行政许可，需要携带几乎相同的材料跑遍这些城市，即使马不停蹄地逐个城市递送材料，300多个地级市至少需要3年才能办完，若全国近2800多个县级单位也要求办证，周期可能长达20多年。在家装服务共享领域，也存在地方政府强制要求平台企业建立分公司的情况，一些城市尚不具备在线办理条件，需要企业跑遍工商、税务、社保、安监等多个部门，程序烦琐，企业合规成本极高。

三是一些新的共享业态与城市管理方式之间的矛盾日益凸显。网约车、共享单车、共享汽车、共享停车位、房屋短租、外卖配送等新业态、新模式的出现，都会对原有的城市规划、配套设施、公共空间资源管理方式等产生冲击，也给政策制定带来很大困扰。这方面的问题在共享单车领域反映较为集中，一方面是过度投放和乱停乱放确实让人头疼，另一方面是滥用权力胡乱执法。一些城市人为规定投放总量和公司间分配比例，更有一些城市就是"见一辆扔一辆"的心态。

四是过度竞争带来的资源浪费以及过度集中可能引发的垄断行为也不断引发热议。一些平台企业过度追求近期利益，不正当竞争和损害用户利益的事件也时有曝光。

此外，一些平台打着共享经济旗号行欺骗消费者之实，还有一些用户故意损坏共享产品等，实际上已经表现为违法犯罪。

这些问题都是发展中的问题，但处理不当都会影响共享经济健康有序发展。

二　共享经济监管遇到新难题

尽管人们已经看清了共享经济发展中存在的一些突出问题，但监管时却面临许多难题。共享经济监管遇到的难题可能有以下几方面：

一是情况不明。共享经济起步较晚，发展太快，变化也快，很多是跨行业、跨领域、跨地区，涉及人数众多，相应的统计监测体系尚没有建立起来。政府作为主要的监管方对新业态发展情况基本不掌握，监管起来当然很难入手。比如一些城市存在共享单车过度投放问题，但对于到底投放了多少、应该投放多少、何时何地经常超饱和、各家企业有多少僵尸车和损坏车等并不清楚，企业为强占市场报给政府部门的数据也可能并不真实。类似的问题在餐饮外卖、共享私厨、共享住宿等领域也普遍存在。

二是手段缺乏。即使发现了问题所在，也知道利益相关方各自的诉求所在，但实际监管起来也会面临手段缺乏问题。共享经济是典型的网络经济、平台经济，原有的法规、制度、标准是建立在工业经济基础上的，已经明显不适应新经济发展了。另外，中国共享经济已经开始引领全球，想从先行国家那里学习借鉴现成的经验可能性也不大。工业革命从英国传导到中国用了100多年，到改革开放时已有近200年历史，我们所遇到的问题，先行国家大多经历过。过去遇到问题可以先了解发达国家是怎么做的，然后结合国情做一些调整和完善，基本上不会有太大问题。但共享经济最初从美国传导到中国只用了短短几年的时间，我们遇到的问题和美国一样，更何况有很多方面我们已经走在了前面。以最早形成风潮的房屋短租为例，爱彼迎（Airbnb）在美国成立的时间是 2008 年 8 月，国内的途家网 2011 年 12 月就正式上线，小猪短租也在 2012 年 8 月正式上线，前后的时间差只有 3~4 年。在网约车领域，美国的优步平台正式面世是在 2010 年 10 月，国内的滴滴平台 2012 年 9 月就在北京上线，前后的时间差只有两年。令人惊奇的是，滴滴在 2015 年完成的全年订单数就超出了优步过往六年的全球订单总和。至于后几年在共享单车、网络直播、产能共享等领域出现的中国独创，就只能是别人向中国学习了。行业发展是全新的，监管创新的任务自然也就来了。

三是责任边界不好界定。监管创新时遇到的首要问题就是界定难。首先，共享经济的边界不好判定。如果一个新的业态是共享经济，就需要重新研究制定新的监管策略；如果不是，就可以沿用老的行业管理办法。近两年，关于"伪共享"的讨论多了起来，说明这个问题并没有很好解决。我们在研究中提出将基于互联网的智能化资源匹配、使用权分享、大众参与看作辨别真假共享经济的三个重要标准。但在实践中仍有不少人会质疑共享单车、共享汽车等是不是共享经济。其次，政府、企业、用户的责任边界划分难。平台企业往往具有典型的社会性企业特征，承担着更多的社会责任，企业与服务者之间的劳动关系也从雇佣关系转化为合作关系，一旦出现问题和纠纷，责任认定就变得复杂了。不同的共享经济业态在不同的环节，各方的权利和义务显然也不同，增加了责任边界划分的难度。再次，政府部门间的责任边界划分难。在过去按行业设计的监管制度里，尽管也存在九龙治水、交叉管理的情况，但毕竟相关职责还算清晰，有章可循。共享经济的网络化、融合性特征使得一个新的业态牵涉的部门更多,甚至找不到可以牵头的部门。

四是平衡点不容易把握。任何监管制度都是各方利益平衡的结果,共享经济监管的平衡点把握遇到了更多困难,不能指望一蹴而就,一步到位,一劳永逸。从目前看,共享经济监管要处理好多重关系,比如,促进发展与规范发展之间的关系,政府与平台企业的关系,近期利益与远期利益的关系,经济利益与社会责任的关系,表面影响与深层次影响之间的关系,等等。

五是要克服各方的"小九九"。"小九九"源于乘法口诀,又被称为小算盘,泛指以自我为中心的思维和行为模式。面对共享经济这个新生事物,政府部门、平台企业、用户等都会争取自身利益最大化,无疑会增大合理推进监管创新的难度。如何做到让相关政府部门、平台企业、广大用户都少一些"小九九",多一些大智慧,本身就是一个大课题。

更为重要的是,共享经济正处在从导入期走向成长期的转型过程中,很多问题还没有充分暴露出来,其更深层次的影响还没有充分显现,任何选择都会对未来发展产生深远影响。

三 监管创新的原则和内容

共享经济对引领创新创业、促进经济增长、培育发展新动能、推动供给侧结构性改革、建立现代经济体系等作用突出,可以说发展共享经济对于中国而言具有特殊的意义,是信息技术革命带来的千载难逢的历史机遇。2017年11月,习近平主席在亚太经合组织工商领导人峰会上谈到全面深化改革、持续释放发展活力时指出:"我们将强化问题导向，坚决破除一切不合时宜的思想观念和体制机制弊端，突破利益固化的藩篱，激发全社会创造力和发展活力。"发展共享经济也必须创新监管，营造宽松的政策环境和公平合理的竞争环境。

监管创新应坚守一些基本原则。共享经济还在发展，监管创新也需要不断推进。监管创新的内容和手段会有变化，但都应该遵守一些基本原则。2017 年 7 月 3 日，国家发改委等八部委联合下发《关于促进分享经济的指导性意见》，提出要按照"鼓励创新、包容审慎"的原则，发展与监管并重，积极探索推进，加强分类指导，创新监管模式，推进协同治理。意见出台以来，社会各界围绕监管原则开展了很多讨论，逐步形成了一些共识。

鼓励创新，包容审慎。监管的目标应该是维护公平竞争，强化发展保障，支持和引导各类市场主体积极探索共享经济新业态新模式。对共享经济存在的问题要积极应对、妥善解决，但目的是促进创新保护发展，而不是相反。很多问题是发展中的问题，通过技术、模式迭代创新和通力合作很快就可以较好解决，不能看到出现一些问题就痛下杀手，在出台准入性政策时一定要慎之又慎。

多方参与，协同治理。政府、平台企业、行业协会、资源提供者、消费者都是共享经济监管主体的重要组成部分，要各负其责，通力合作。政府部门要制定规则，协调各方，提供保障，监督执行。平台企业要履职尽责，强化社会责任担当，加强内部治理和安全保障，严格落实网络主体资格审查，保护消费者合法权益，积极协助政府监督执法和权利人维权。行业协会等有关社会组织要推动出台行业服务标准和自律公约，完善社会监督。资源提供者和消费者要强化道德约束，实现共享共治，促进分享经济以文明方式发展。

底线思维，弹性平衡。新生事物的特点往往就是新、快、不定型，对共享经济的监管应该坚守底线思维，只要没有越过底线，就可以先观察一段时间。当然底线思维还有另外一层含义——越过底线该管就得管了。政府部门、平台企业、资源提供者、用户的行为都应该有底线，不该做的事坚决不做。当然，底线也不是一成不变的，在不同的领域、不同的发展阶段会有不同的底线，可能需要动态平衡。对于共享经济而言，留有一定的容错空间是明智的。

分类施策，区别对待。共享经济是一种资源配置的新模式，也是一种新的发展观，可以应用到所有资源、所有领域。产品、空间、知识技能、劳务、资金、生产能力等共享经济六大领域及其细分领域，每一个共享经济的新模式、新业态都有其特定的对象、标准、利益相关方及其相应的诉求。比如，出行产品共享领域里的网约车、共享单车、共享汽车等有明显区别，空间分享领域里的共享住宿、众创空间、共享办公、共享田园等特点也各不相同。因此，要合理界定不同行业领域共享经济的业态属性，分类细化管理。

有的放矢，精准有效。一方面，对于看不准的问题要认真研究，不能乱用权力胡乱执法；另一方面，对于看得准的问题要果断出手，务求实效。这方面在网约车、共享单车、餐饮外卖、个体网络借贷（P2P 借贷）、房屋短租等领域正反两方面都有一些执法案例和事件发生，应该总结经验吸取教训。其实，网络经济条件下，大数据等技术也为精准施策提供了新的手段。

监管创新要选准着力点。各地在共享经济监管创新方面做了许多探索，有些已经显示出很好的成效。监管创新应选准着力点，建议从理念创新、技术创新、模式创新、制度创新等方面入手。

理念创新。目前大多数监管过程中出现的问题与监管理念没有转变有关系，最核心的问题是对信息革命和共享经济缺乏认知。因此，理念创新要从学习和改变认知开始。首先，共享经济发展是大趋势，也是大机遇。其次，共享经济是信息时代的新业态、新事物，要了解共享经济的内涵、特征、运行机制和发展规律。再次，对共享经济监管的出发点和落脚点应该是促进发展，造福人民，而不是为了管住、管死。

技术创新。共享经济是一系列信息技术创新和经济社会发展相结合的产物，这些技术也为科学监管提供了新的工具和手段。比如现在各地利用大数据实施精准监管的实践就开始多了起来。杭州、南京等城市利用"定点饱和度监测仪"，可以准确测算各平台企业投放单车的总量、僵尸车数量、各停放点饱和度状况，为政府部门和企业决策提供了重要依据。北京等地在试用"电子围栏"以期解决共享单车乱停乱放问题。对于一些恶意破坏和盗窃共享产品的行为，大数据也为迅速甄别和破案提供了方便。

模式创新。政府部门之间、平台企业之间、政府部门与平台企业、企业与用户等加强合作，可以创造出多种新型的监管模式，找到破解难题的新思路、新方法，有助于实现协同治理的目标。深圳机场在 2017 年 1 月就正式启用了全国第一条网约车专用通道和蓄车区，用于网约车候客和上客。上海徐汇区支持智慧停车平台与共享单车企业合作，双方联手推出"P + B"（Park + Bike，共享停车 + 共享单车）解决方案，为车主停车后的"最后一公里"创造了更多便利。一些城市开始依托第三方建立共享经济平台企业运营服务考核机制，将考核结果作为企业进入与退出、实施精准监管的重要依据。总体上看，监管模式的变化趋势是：从严格监管走向审慎监管、从人力监管走向网络监管、从模糊监管走向精准监管、从事前监管走向事后监管、从政府监管走向协同监管。

制度创新。多数共享经济新业态可能不太符合原有的一些法律、规范、标准，处于"合法与违法之间"的尴尬境地。修改完善现有法律制度是必须要做好的一项工作。在新的规则出台之前或制定新规则的过程中，新的议事制度也有很多创新的余地。成都市在共享单车管理中就形成了"3 + 7 + N"会议协商制度，有成都市交委、市公安局、市城管委三个部门，联合五城区及高新区、天府新区成都直管区，以及共享单车运营企业参加，并邀请人大代表、政协委员、民主党派人士和专家学者等广泛参与，从规范经营、安全生产、优质服务、社会责任、社会评价等方面进行考核，根据考核情况适时做出评估并及时向社会公布。一些城市将"约谈"制度引入共享经济监管，通过政府部门约谈相关企业达到了解情况、摸清诉求、达成共识、解决问题的目的。有的地区制定了相应的联席会商制度、听证制度等，对共享经济发展中的问题进行讨论协商、汇聚民智。国家发改委指导建立了"共享经济思享汇"交流平台，并与多家平台企业合作以推进失信惩戒机制的形成。

共享经济发展才刚刚开始，监管创新永远在路上。中国共享经济已经开始引领全球，说明过去的监管方针是行之有效的。对于创新过程中出现的新问题，需要在实践中创新性地去解决。

VR 孪生智慧园区，助力招商引资

王智邦[*]

摘要： 伴随国家经济进入新常态，中国各类产业园区也迅速发展，数量激增。与此同时，产业园区在自身发展和外部环境也逐渐面临更大的挑战与风险。为了推动产业园区发展，加快园区战略转型升级，提升园区竞争力，孪生智慧园区成为全区发展的新引擎。孪生智慧园区打破线下物理空间限制，采用线上线下相结合、将现实世界物理空间园与虚拟世界网上 VR 园区进行无缝连接，融合新一代信息与通信技术、整合各类资源等方式，来助力政府招商引资。本文首先系统阐述了产业园区发展的背景，内外部环境影响及面临的机遇和挑战，接着引入孪生智慧园区概念，通过园区招商环节存在的问题，进一步说明 VR 孪生智慧园区在助力招商引资所做的贡献，最后，通过智招网这个大数据 VR 云平台来详细阐述 VR 孪生智慧园区是如何实践和落地招商引资这一目的的。

关键词： VR 孪生园区　招商引资　智慧园区

---

* 王智邦，智招网/中国国际招商引智网创始人兼总裁。

一　星罗棋布的各类园区

第二次世界大战以来，世界各国制定了各种区域开发政策，建立了名目繁多的产业园区，例如边境经济合作区、自主创新示范区、自由贸易实验区、保税港区、综保区、保税区、双创园、科技城、留学生创业园、生态工业园、境外产业园区等。自 1984 年首设经开区及高新区以来，中国产业园区迅速发展，数量激增。根据 2018 年版《开发区目录》公告，国家级开发区有 552 家，省级开发区有 1991家，而市级产业园区数量则更是不胜枚举，区中涵盖着区，园里包含着园。从国家级园区类别上看，经济技术开发区数量最多，共计 219家，其次是高新区，共计 168 家。

目前我国的经济开发区大都以制造业为主，高新区大都以高科技和高端制造为主。随着国家经济的发展，各类产业园区也有较快的发展，但由于产业园区数量过大，密度过高，同类型的产业园区较多，产业园区同质化较为严重，不同省份、不同市甚至是同市的产业园区竞争激烈，产业空间与市场容量不足。

二　园区发展的挑战与机遇

（一）产业园区面临重大挑战

随着我国经济发展进入新常态，园区发展面临重大挑战，主要表现在以下几个方面：

1. 国际大环境的变化

全球经济深度调整，产业格局正在重构，我国产业面临大洗牌。

2. 宏观环境发生变化

刚做开发区的时候是买方市场，短缺经济。而现在是卖方市场、过剩经济。所谓三大过剩、三大泡沫，产能过剩泡沫就是其中之一。

3. 产业本身面临挑战

产业内涵发生了巨大变化。比如：第二产业中的制造业增长放缓。传统低端的制造业部分会逐渐受到市场淘汰，高精尖的制造业，比如自动化、生物化学等在高增长。第三产业也就是服务产业在整个国民经济的占比变得越来越大。互联网已经渗透到生产、生活的方方面面，渗透到所有的产业、所有的传统行业。

4. 企业家守旧思维

时代变了，企业家的观念、思维、方法没有跟上变化的步伐，企业也就跟不上发展趋势的脚步，变得越来越困难。很多企业面临投资恐惧。

5. 国内政策发生变化

一是土地政策变化，土地的供应变得越来越稀缺，新增土地比较难。二是税收政策的变化。三是地方政府的债务总量控制，地方融资平台受到约束。产业园的增量经济机会变得越来越少，更多需要考虑怎么做存量经济，通过对现有的存量做改造，以适应下一步需求方面的转型，所以需求侧与供应侧的转型是同步的。

（二）产业园区的发展趋势

1. 加大战略转型和升级

全国园区都在加快战略转型和升级：从粗放式向集约化转变、从规模型向高质量转变、以制造业为主向"制造业＋专业服务业"相结合转变、由相对注重硬环境向更加注重软环境转变。园区规划建设也呈现了新的趋势：在各地区可建设用地日益稀缺的情况下，一些小型的园区业态正在不断涌现，一些大型产业园区也纷纷建设园中园、专业园等不同形式的小型园区。

2. 走向综合城区/新区

随着园区承载的功能日益多元化，大量城市要素和生产活动在区内并存聚集，从而推动了产业园区的城市化进程，园区经济与城区经济逐渐走向融合。为顺应这一发展趋势，一些产业园区主动谋求战略转型，从单一生产型的园区，逐渐规划发展成为集生产与生活于一体的新型城市。面对园区经济走向城区经济、产业园区走向综合城区的发展趋势，地方政府摒弃了传统的思维方式和运营模式，以"产城融合"的理念系统策划、规划、管理、开发、运作产业园区（产业新城）。

3. 产业结构正在"强链接网"

很多园区都需要进行产业整合，结合地区资源禀赋、比较优势及产业发展基础、条件和产业发展动向，对园区现有产业进行"整合、优化、升级"，确立园区的主导产业，围绕主导产业打造产业链，通过产业链形成产业网。

4. 产业资本推动园区发展

产业园区运作日趋市场化，民间资本作为一个巨大的资源宝藏，将是推动新一轮园区经济快速发展的强大支撑。很多园区开发商定位为产业投资商，以较少的资金撬动更多的社会化资金形成一个大资金池，以土地入股、物业入股、产业投资基金等多种形式投资园区企业，从而形成了"资本运作—园区开发—产业集聚"之间的良性循环，资本运作成为园区开发的撬动杠杆。

5. 公共服务平台成为园区竞争力

公共服务平台的建设，一般是植根于园区企业的经营价值链上，特别是针对中小企业群的薄弱环节，如融资、技术、设备、市场、人才等等。公共服务平台建设得好，不仅有利于降低企业运营成本，也有利于促进企业创新、开拓市场，从而增加企业经营效益，有效地提升园区产业集群的竞争力。

6. 全球化布局正在加速，产业园区作为对外开放的排头兵，全球化布局加速

在国家"一带一路"产能输出或者在国际合作中，园区经济实际上就是一个经济的先头部队。已在"一带一路"的20多个国家建立了各类园区，累计投资超过1800亿美元。所以园区经济是我们中国企业海外聚集的重要载体，是拉动当地研发、制造、贸易的重要载

体，也是中国大国外交的重要载体。

7. 园区的品牌化和"连锁经营"

打造园区的"软实力"已经成为园区竞争力的重要筹码。因为园区经济的发展光有数量和规模是不够的，还必须有质量和品牌。创精品园区，建品牌园区，已成为各地政府发展经济的重要举措。园区的品牌化运作，不只是个营销的过程，它还需要有内涵支撑。园区的品牌建设，从园区规划启动之初就已开始。我们可以将园区品牌细化为环境品牌、产业品牌、企业品牌、服务品牌、文化品牌等，特别是服务品牌和文化品牌，更需要精耕细作。

8. 从招商引资到招商引"智"

很多产业园区开始从"招商引资"转到"引智招商"，积极吸引科研院所、博士后工作站、科学家工作室等落户园区。近年来，在国家和地方"人才计划"推动下，各地园区纷纷出台针对性政策措施，加入海外留学人才的争夺战中。只有强化招才引智，才能实现资金、技术、项目管理的立体带动。未来的园区发展应更加重视人力资源工作，通过招商引"智"手段的创新，吸引园区所需要的高端人才，促进人才资源的集聚与开发，从而为新兴产业培育和园区产业升级提供动力，实现园区经济的可持续增长。

三 孪生智慧园区成为园区发展新引擎

互联网的出现，使我们每天往返于"两个孪生世界"：现实世界和虚拟世界。而虚拟世界和现实世界的融合，形成了孪生城市、孪生园区、孪生企业、孪生人生。我们去一个城市旅游，首先在网上做攻略；我们招什么企业，首先在网上搜索，了解企业情况；我们去某个园区投资，首先在网上考察投资环境；我们知晓的名人近况都来自网上；我们更多的时间是在互联网上了解各类信息。可见另一个双胞胎的我们非常重要。

（一）全球园区向科技化、创新化、孪生智慧化转变

数字时代，产业园区的发展需要创新模式，打破线下的物理空间限制，建设线上线下相结合的数字孪生智慧园区。孪生智慧园区是指融合新一代信息与通信技术，具备迅捷信息采集、高速信息传输、高度集中计算、智能事务处理和无所不在的服务提供能力，实现园区内及时、互动、整合的信息感知、传递和处理，以提高园区产业集聚能力、企业经济竞争力、园区可持续发展为目标的先进园区发展理念。孪生智慧园区建设通过信息技术和各类资源的整合，将"智慧"渗透到园区建设与运营的每个细节，加强园区业务、服务和管理能力，创新组织架构，在日趋激烈的竞争中，保持园区的可持续性发展，为园区铸就一套超强的软实力。

（二）建设孪生园区，打造智慧园区

孪生园区是现实世界的实体园区 + 虚拟世界的网上园区。作为产业园区对外服务的窗口，更需要经营好"孪生园区"。

VR孪生智慧园区是将现实世界的物理空间园区与虚拟世界的网上VR园区无缝连接，可以基于现在对未来进行模拟和预测，进而为

园区的发展提供决策参考，用数字技术、信息技术帮助园区提升竞争力，将成为园区经济发展的新引擎和转型升级的新动能。网上孪生园区能把实体园区传播得更远、更宽、更广，更接近客户，让千里之外、互不相识的客商了解自己，远程考察园区，进而吸引客商投资。网上园区正在崛起，要想做好园区的招商引资，就必须经营孪生园区。

四　建设孪生园区，助力招商引资

（一）园区招商引资模式亟待创新

招商引资是园区经营发展最为重要的工作之一。园区招商是一个系统工程，涉及产业规划、政策体系、招商接洽、项目入驻、运营扶持等诸多环节，涉及招商参与部门的权责和利益设计。目前的很多园区招商模式还停留在点式突破的"地面游击战"，招商体系不健全、整体营销力度不足，不利于未来园区产业集群的发展。

园区招商关键在于三点：一是精准定位。明确产业客商类型，建立产业项目信息库，进行定向式招商；二是系统运作。围绕产业招商构建全方位的服务能力，细化项目招商流程和规范，使整个招商工作更具系统性和有序性。三是建设平台。借助高科技和大平台的优势资源，建设园区招商平台，与大平台共享线上线下数据和队伍，精准高效招商引资。招商引资已经不再是原来的多通一平，更需要高科技的支撑，提升园区对信息的精准传播与获取、大数据的共享与计算、业务的匹配与智慧对接等整体服务能力。

（二）实现 VR 孪生园区招投双方高效对接

1. 解决信息不对称问题

2. 招商引资首要工作是解决信息不对称

招商引资的竞争主要是投资客商信息及产业研究能力的竞争，其本质是大数据挖掘的竞争。招商引资的工作主要是解决招、投双方信息不对称的问题，互联网、大数据、云技术、VR 等新一代信息技术是实现信息对称的最好工具。信息技术是实现信息对称的最好工具。

3. VR 孪生智慧园区使招投双方高效对接

通过建设 VR 孪生智慧园区使物理空间的园区和虚拟空间的园区信息对称，再通过虚拟空间园区的招商信息与投资客商的投资信息匹配，进而实现物理空间园区信息对接，达到精准、高效的招商引资。

VR 孪生园区是把园区自己作为全球招商引资的一个节点，将招商信息作为整个互联网的资源和工具，供全世界来匹配和使用，并与入驻的平台共享先进技术和海量数据，实现全球配置资源，精准开发潜在客户。

4. VR 孪生园区助力招商引资

未来的企业都将是互联网企业。招商引资必须"腾云驾网"，不仅要经营好"现实世界的实体园区"，更要精心打造"虚拟世界的孪生园区"，通过建设"VR 孪生园区"才能与企业同频共振，解决招、投双方信息不对称，提升招商引资成功率。"互联网＋"、大数据等已经上升为国家战略，成为推动经济转型发展的新动力，各地政府因地制宜，与时俱进，都在积极探索运用互联网、大数据、VR等高科技平台开展智慧招商。立足区域定位，科学运用大数据招商引资的时代已经到来。随着大数据技术的不断创新，其在政务工作中的应用也将越来越广泛，发挥的价值也越来越大，智招网将与时俱进融入更多创新技术，来实现招商工作的全面智慧化，助力各地招商引资。

五 我们的探索与实践

当下，国际局势发生深刻变化，世界经济进入深度调整，全球产业布局正在重构，未来面临百年未遇的大变局。高科技改变着生活、工作、经济等方方面面，进入自我创新发展并推动组织和社会转型升级的新阶段，催生了与工业时代完全不同的人际新关系、产业新能力、政府新定位。政府、企业、人才这个经典三角形产生了新的生态模式，面临全新的挑战和难得的发展机遇。中国进入新时代，发展需要新理念。面对新趋势，我们需要重新认识城市、园区、企业、人生的经营方法，创新发展模式……

智招网作为全新的智慧对接平台，在纵深发展方面做了一些有益的探索和对接。全新的时代需要全新的思维，我们整个社会组织即政府、企业、人才三方，在实现数据对接，共享数据资源方面，依然存在孤岛现象。而智招网作为国内首家为政府、企业、人才提供智慧对接服务的大数据 VR 云平台，运用自主研发的前沿技术、海量的专业数据和线下的服务团队，实现" 政府 · 企业 · 人才"信息互链互通、资源优化匹配、供需智慧对接，是政府招商引资的新引擎、企业经营管理的新动能、人才创业就业的新助手。主要是解决政府政务、企业商务、人才事务间的互联互通，智慧匹配和高效对接。

（一）VR孪生智慧园区做法简介

1. "VR孪生智慧园区"定义及目标

"VR孪生智慧园区"就是利用VR、大数据、云计算、移动互联网、物联网、区块链、人工智能等新一代高科技建设的网上VR孪生智慧园区。未来产业园区的发展必须打破线下的物理空间限制，建设线上线下相结合的数字孪生园区，提升服务能级。"孪生园区"将为园区管理者提供多维度、高价值、权威的行业数据、动态资讯及客商信息，帮助园区盘活各项载体和存量资源，扩大对外宣传，推介投资环境，宣传优惠政策，传播智慧理念，投递招商项目，邀约潜在客商，实现远程考察，把物理空间的"园区"带得更远、更广、更接近客商，形成内外开放、资源整合的产业生态圈，进而促进招商引资，推进产业升级，加速园区发展。

2. 建设"VR双胞胎企业"

为园内企业建设"VR双胞胎企业"，搭建线上、线下互动连接经营的企业社群，使孤立分散的园区企业在园区平台上找到各自的节点和归属，形成微型产业链，盘活园区存量企业资源，使其发挥最大价值，实现以商招商，推动园区"企业生态""产业生态""自然生态""虚拟生态"的孪生，最终形成生态化、智慧化、有生命力的园区。

VR 孪生园区"对园区及企业进行虚拟仿真，园区领导及工作人员经常"用上帝的视角"浏览、研究园区及企业的 VR 全景及数据，可以寻找园区及企业发展灵感，优化园区规划，调整产业布局，提升运行效率，帮助企业发展，并推演园区未来，推动园区进入一个全新的数字化、智慧化发展的新时代。

（二）VR 孪生智慧园区的主要功能

1. 信息发布，环境推介

（1）不限量发布园区信息、展示招商环境、投递招商项目、宣传优惠政策、推介比较优势。包括城市介绍、园区介绍、区位交通（电子地图）、规划布局、配套设施、主要产业、物产资源、经济发展、比较优势、优惠政策、要素成本、最新动态、重大事件、企业新闻、产品新闻、通知公告等。

（2）把相关信息标准化，避免园区招商人员说不清楚，讲不准确，导致客商听不明白，引起误会。同时，第一时间把园区更新的动态信息传递给关注的客商或潜在客户，避免他们漏掉重要信息，影响投资决策。

（3）帮助园区告别"信息孤岛"，配置全球资源。通过"强链建网"，从招来一个企业到引进多条产业链，结成产业网。

2. VR 全景漫游，实现远程考察

（1）把物理空间的园区全部拍成 VR，建成数字化孪生园区，装

到手机里，使千里之外的客商有如身临其境，远程就能一目了然，说服力强，可信度高，具有很强的感染力和吸引力，促进客商去实地调研的欲望。是宣传推广、远程考察、吸引客商投资的有效工具。

（2）VR全景漫游与远程考察能够全面直观地展示园区的整体规划、基础设施、产业布局、招商项目及相关动态数据等，通过智能设备（如手机、平板电脑、VR眼镜等终端），远程720°直观展示园区全貌及相关信息。还可单独选择兴趣点，比如项目地块、厂房、写字楼、企业、产品等，进行放大缩小、任意旋转，进行近距离考察，有如就在现场。使得考察变得方便快捷，大大节省了招、投双方的时间及经济成本。

（3）在VR全景中植入实时数据，为客户提供最新、最准确的信息，为投资商提供科学客观的投资决策参考，实现远程精准招商。有了VR孪生园区，外出招商时无须携带沉重的、信息量有限的招商资料，只要用手机或戴上VR眼镜，就可以让客商身临其境地了解需要的信息。

（4）VR孪生园区可以很好地替代传统的宣传片和沙盘，可以同步更新园区的建设动态，可以渲染场景效果，看到建成后的未来景象，用全新的方式向上级领导汇报，得到领导的支持，给现场考察客商带来新的体验，坚定投资者信心。

3. 产业地图

利用智招网平台资源版图模型，形成个性化的产业招商地图：打通企业及产品的上下游产业链、行业上下游及内外产业链，构建产业网聚合模型，通过"强链接网"，实现"产业链网"招商。即通过产业地图将每个园区产业链做全面梳理，通过打通产业上下游以及产业内外，结成产业网，这样就可以指导一个企业到一个地方投资时，该地是否具备上下游，生态是否健全，进而决定企业是否愿意在该地方投资。

4. 招商管理

招商管理作为招商引资中领导者最困扰的事情，通过客户管理、现有客户、潜在客户、年度任务、招商进度等招商引资能实现一条龙管理。

5. 资源共享

园区内外企业可以共享所有愿意共享的一切，包括：会议室、办公室、汽车、自行车、摄像机、照相机、打印机、复印件、人才、食堂等，前期可以实现区内企业共享，以后可以借助智招网大平台实现全国共享。

6. 园企服务

为入驻企业提供综合现代服务，如；投资服务、融资服务、商务服务、便民服务等。

7. VR 项目库

建设园区专属 VR 项目库，可以将各种项目放在 VR 项目库，发布各类招商引资项目，客商可以直观地远程 720°考察该项目的具体现状及了解相关数据。

8. 项目投递

把招商项目投递给目标客户群，根据园区产业来推荐全国适合这个地方投资的客商。

9. 客商推荐

把潜在客户传递给招商部门。

10. 浏览痕迹

进行客户数据挖掘，了解、追踪潜在客户。

11. 关注订阅

园区可以订阅"区域项目、行业项目及相关资讯"。

12. 聚合资讯

在项目页同时聚合与该项目相关的资讯，比如：行业报告、投资分析（包括投资成本比较）、高新技术、高端人才等，供投资人决策参考，供发布方（园区招商部门或企业）制定相关政策参考。

13. 即时通信

可以用平台直接和对方、客商进行联系，无须通过第三方平台和电话。

14. 互动留言

可以在任何场景下和客户联系。把即时通信植入每个需要的场景页面，方便与客商互动交流，洽谈合作，时时刻刻都可轻松开展招商工作。将项目与 AR、VR 进行结合，使未来的景象可以呈现给客商，客商可以清晰知晓自身未来的投资发展趋势。除此外，VR 孪生园区的多功能性还体现在：

为园区赋能。主要建设双胞胎企业，解决企业快速获取上下游客户和为客户服务的能力，输入产品后几秒钟之内即可找到全国所有上下游客户。在平台会员基础上，实现和对方的即时通信联系。双胞胎企业具有企业产品的 VR 全景展示厅，通过远程考察可以将其产品进行 720 度展示，远程即可看到其产品情况。

客户地图。可以在几秒钟之内找到企业全球客户分布位置以及客户名称、联系方式，同时，借助平台系统直接和对方联系，无须通过微信或者其他方式。

需求管家。有了需求管家可以提供各式各样的需求，可以聚合所有选址数字供企业投资决策参考。

寻找优质投资项目。现在很多项目在投资时候输在起跑线。利用平台项目库、区域项目库、行业动态资讯，进行科学分析和研究，可以帮助企业选择有"钱途"的优质投资项目，避免因选错项目而输在起跑线。

最佳投资目的地。通过对全国各个城市和园区的营商环境、优惠政策、优势资源等方面对比分析，帮助企业选择最适合项目落地并具备快速成长"土壤"的投资目的地。

提供个性化服务定制。包括咨询培训服务、高新技术人才遴选、私诊会、战略合作、法律法规、知识产权、海外投资等服务。

总之，模式即给企业安装一个 App，含两个部分：一个是功能展示部分，公共展示部分是别人能看到的；一个是专属部分，是别人看不到的。专属部分可以帮助企业激活适合其自身的资讯，将过于庞杂的咨询进行整合，针对性发送。智招网在全国招商引资培训已有几百场，在北大清华都已开设招商引智和战略发展规划地培训班，以线上线下互动的方式，包括园区托管，连锁孵化器，建个人工作室等更多服务，使每个人可以利用智招网后台建立属于自己的个人工作室。

（三）VR 孪生园区的招商优势

1. 间接增加招商人员

共享智招网海量数据及线下专业队伍，为合作伙伴增加了千千万万不领工资、不占编制的招商人员，在全球快速开发潜在客户，先人一步招到投资客商。

2. 提升招商工作效率

无须走遍千山万水，想尽千方百计，吃尽千辛万苦，道尽千言万语，就能快速邀约客商实地考察。

3. 传播领导执政理念

新技术的运用，传播了地方领导开放的执政理念和与时俱进的思想，让客户感受到良好的招商软环境，为其吃了个"定心丸"。

4. 快速找到潜在客商

利用"招商地图"快速找到潜在客商,解决客户信息枯竭的瓶颈,减少无效出差、接待等浪费,把更多的时间及费用,服务于精准的目标客商。

5. 节约客商考察成本

客商通过 VR 及相关数据,远程就能考察园区,客商至上的理念会给客户留下良好的印象,大大提升招商引资的成功率。

6. 广泛传播省时省力

传统视频信息量少,占用流量及空间太大,不便于传播;"VR孪生园区"通过微信、QQ 就可转发,并且占用流量及空间很小。

7. 动态数据促进决策

给客户提供最全面、最及时、最准确的数据参考,帮助客商科学决策,快速达成投资意向。

8. 随时随地开展工作

无须携带沉重、过时的招商宣传册,节约成本,减轻出差负担,随时拿出手机就可以开展招商工作。

第四篇 经验篇

超大城市智慧化建设的反思与启示：基于上海的实践

李有增　徐振强[*]

摘　要： 2018 年政府工作报告从新动能和"健康中国"等出发，从互联网、信息化、大数据和人工智能等领域切入，明确为智慧城市持续赋能，促进了智慧城市理论创新，并引导和保障了建设项目的有效落地与持续运营。上海，作为我国超大城市的典型代表，在智慧城市建设成效方面处于国内领先地位。通过全球对标，并调研上海本地数字经济产业集群、智慧城市创新/体验中心、园区、各区智慧化发展水平、社会公共测评和体制机制建设等，发现上海在五个方面存在突出矛盾：（1）智慧城市产业思维、行业、人才引领、创新地标形成；（2）智慧城市公共服务供给方式、内容；（3）跨领域协同；（4）社会化建设和参与；（5）智慧社区（城市细胞）等。为克服上述方面存在的突出矛盾并实现上海智慧城市高质量发展，提出上海应实施"数字经济

---

　*　李有增，首都师范大学副校长；徐振强，中国城市科学研究会数字城市工程研究中心副主任，研究方向：智慧生态城市、海绵城市和国际合作。

驱动—智慧城市创新加速器—智慧产城再造—精细化城市管理—
无限生长的城市智能应用"的协同驱动战略,以"数字经济"和
"城市治理"双协同,来支持超大城市的数字产业和城市精细化
治理,促进上海率先打造出具有国际复制力的中国新型智慧城市
建设模式。

关键词:智慧城市 城市治理 上海

一 引言

2012 年以来,我国智慧城市试点全面启动,有效激发了地方各
级政府在城市治理中实施智慧城市策略的主动性,基于信息和通
信,将解决信息烟囱与孤岛、应用以物联网、云计算等为代表的新
兴技术、信息惠民、发展大数据和数字经济等,作为推进智慧城市
的主要依据,并形成了平台、云、网和中心等标志性配置。截至
2018 年 9 月,全国 100% 的副省级以上城市、87% 的地级以上城
市,总计约 500 多个城市提出或在建智慧城市(占世界智慧城市创
建总数的一半以上)。我国已经成为世界上智慧城市试点最多、试
验范围最广和总投资规模最大的国家。2016 年 8 月,国家发展改革
委、中央网信办联合推进新型智慧城市试点工作。从对福州、嘉兴
和深圳的新型智慧城市发展路径研究可见,在发展特征方面,以往
的智慧城市更加注重顶层设计、协同共享、政社合作等相对操作性
方面的内容,新型智慧城市按照"五大发展理念",结合大数据和
"互联网 +"来设计,并细化到建设思路、建设内容、建设路径等

方面的具体特征，并且注重用户体验，提高用户使用率，做到惠民服务以人为本。

二 上海智慧城市模式创新背景与调研

上海高度重视智慧城市建设并在全国处于领先位置。2011年，时任上海市委书记的俞正声指出，"城市的数字化、网络化、智能化是上海在信息技术革命条件下'四个中心'建设最重要的基础设施，要着力打造智慧城市"。时任市长韩正提出"大力推进智慧城市建设，全面提高城市信息化水平"。国家"十三五"规划纲要提出"要建设一批新型示范性智慧城市"，深圳、福州和嘉兴率先成为试点。2017年全国"两会"期间，习近平总书记参加上海代表团审议时强调"走出一条符合超大城市特点和规律的社会治理新路子，是关系到上海发展的大问题。城市管理应该像绣花一样精细。城市精细化管理，必须适应城市发展。要持续用力、不断深化，提升社会治理能力，增强社会发展活力"。

上海在对标全球代表性智慧城市的基础上，实现对超大城市的精细化管理、生态文明建设的加速、数字经济红利的把握，并进而探索出具有国际复制力的中国新型智慧城市建设模式，是服务上海2040建设卓越全球城市的战略性举措，须予以高度重视。从大数据样本、社会问卷两个领域，全面认知上海智慧城市工作概况（见图1）。

数据墙 上海 新型智慧城市建设路径与模式创新

1 理论 4 举措
13 路径

对标城市 >51(CN)	~55(CN)	智慧城市	343份
>5 >6 智慧园区	体验创新中心	大数据企业	有效问卷
国内 国际 >29(SH)	~21(SH)	~208	~50%

图1　上海新型智慧城市建设路径与模式调研设计的调研样本量

（一）坚持大数据思维、全球视野，紧扣经济产城，对标先进

1. 调研组走访调研浦东、徐汇、闵行、普陀等城区

把握上海智慧城市和智慧园区开发建设情况，并同上海市相关职能部门处室、在沪从事智慧城市的企业进行座谈交流。

2. 精准对标城市

对标香港、新加坡、阿姆斯特丹、北京和深圳等，城市总数超过11座（其中国际城市6座）。

3. 初步解析上海数字经济基因

对上海市约240家开展智慧城市和与大数据相关业务的企业进行

信息梳理和细分业务标识及空间分布（6个领域35个板块），为掌握产业集聚、优化产业布局等提供依据，见图2～图4。

图2　上海数字经济产城空间分布（截至2017年10月）

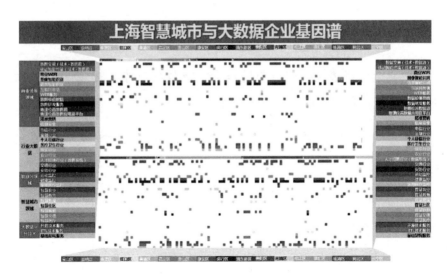

图3　上海数字经济基因谱（截至2017年10月）

区	市区与否	数据交易	移动智能	商业WIF	图像智能	语音智能	互联网舆	WEB服	数据价值	数据研发	地理位置	地理位置	精准营销	信息安全	按城区总计	领域丰富度	企业数	平均场景
	商业场景领域																	
宝山区	N	2	0	0	4	4	0	0	0	0	0	0	1	0	11	4	5	2.20
崇明区	N	0	0	0	0	1	1	1	0	0	0	0	0	0	3	3	2	1.50
奉贤区	N	1	0	0	1	0	0	0	0	0	0	0	0	0	2	2	2	1.00
虹口区	N	1	0	1	1	1	2	2	0	0	0	1	0	0	9	7	7	1.29
黄浦区	Y	0	0	0	6	4	0	0	0	0	1	1	5	1	18	6	11	1.64
嘉定区	N	1	0	0	5	5	1	0	1	0	1	2	4	0	20	8	11	1.82
金山区	N	0	0	0	0	0	0	0	0	0	0	1	0	0	1	1	2	0.50
静安区	Y	0	0	0	1	2	0	0	0	0	0	0	1	0	4	4	3	1.33
闵行区	N	1	0	0	7	6	1	0	0	0	1	3	4	0	23	7	15	1.53
浦东新区	N	9	0	0	28	26	8	3	0	1	1	10	20	1	107	10	68	1.57
普陀区	Y	1	0	1	9	6	0	1	0	0	1	1	6	0	26	8	13	2.00
青浦区	N	1	0	0	0	0	1	0	0	0	0	1	0	0	3	3	2	1.50
松江区	N	1	0	0	1	1	0	0	0	0	0	0	1	0	4	4	1	
徐汇区	N	5	1	0	18	13	5	2	0	0	1	5	8	1	59	10	35	1.69
杨浦区	Y	3	1	1	15	12	3	2	0	1	0	6	13	0	57	10	27	2.11
闸北区	N	2	1	1	12	10	2	2	0	0	0	3	12	0	45	9	23	1.96
长宁区	N	1	0	0	2	2	1	0	1	1	0	2	0	0	10	7	8	1.25
按场景总计		29	3	4	110	93	25	13	2	3	6	36	75	3				

图 4　上海各区数字经济按商业场景分布的企业数概况（截至 2017 年 10 月）

4. 系统梳理智慧园区

梳理国内外代表性智慧园区（美国、荷兰、德国），特别是对国内（不含上海，约 51 个）和上海智慧园区（超过 29 个）进行研究。

5. 基于全球智慧城市创新调研，初步设计“上海智芯”

调研全球代表性智慧城市博览会、智慧城市体验/创新中心，其中国际 1 处、国内 55 处（不含上海）。

（二）开展问卷调查，重视公众对上海智慧城市建设的评价

面向全国和上海市民开展问卷调查，收到有效样本量 344 份（其中上海约占 50%，在沪时间 11 年或以上的超过了 46%）。主要结论包括：(1) 受访者对上海智慧城市成效总体认可。超过 2/3 的受访者认为上海智慧城市建设综合水平位居全国前三，其中浦东、徐汇和黄埔

三区做得较好。（2）上海应该与国内外代表性城市对标。最应该向新加坡、香港和柏林等城市学习，其次是巴塞罗那、深圳、阿姆斯特丹和北京等。（3）受访者对上海智慧园区和智慧城市（生活）体验中心总体缺乏了解。约 1/3 的受访者不了解上海智慧园区。（4）受访者与政府管理部门交流互动、接受民生服务倾向于便捷有效。超过 2/3 的受访者倾向于通过移动端与政府管理部门交流互动；超过 2/3 的受访者倾向于一个城市一个 App，统筹全市智慧城市服务。受访者对智慧化的城市公共服务、智慧交通和政务服务需求较高（见图 5）。

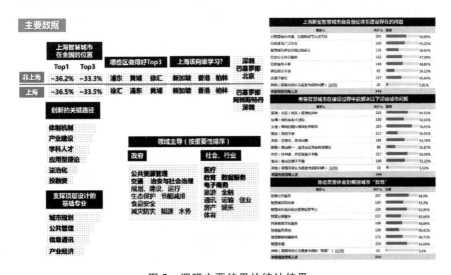

图 5　调研主要结果的统计结果

三　上海智慧城市建设存在的主要问题

工信部组织的城市信息化评价结果表明，上海长期处于全国第一位；而在国际对标方面，联合国经济和社会事务部、ICF（国际智慧社区组织）、西班牙 *IESE* 商学院、罗兰贝格和科恩等国际机构对世界智慧城市能力建设进行综合排名，上海排在 *Top*14 – 83 之间（见图 6）。与国内的智慧城市建设水平排名相比，上海在国际第三方对标的排位上有待提高。国内与国外相比有显著差异，推进力度和投入水平远高于国外，但实效总体上显著弱于国际先进水平。粗放的技术复制，导致运营总体困难，进而健康的投融资机制无法建立。目前，上海智慧城市建设在基础设施建设、整体推进建设、技术产业平衡、实际应用效果等方面仍存在市民生活的"智慧"感受明显不足、智慧产品的产业化程度较低、产业规模和竞争力比较薄弱、城市公共服务的非连续性和碎片化现象严重等问题，智慧城市整体效能尚未很好地发挥。国外对中国城市智慧化发展水平的评价，总体上因缺乏数据、了解、理解和带有某些倾向性，导致排名总体较为落后，与智慧城市建设的实际情况不相符合。智慧城市是全面的综合结构

图 6　综合国内外不同机构智慧城市综合排名中上海的位置

设计、技术集成和立体化服务，需要城市治理、城市规划、工业信息化和建筑等领域的技术合作，才能从智慧城市总体解决方案上实现高度的整合、资源优化、技术互联和功能的高度发达。这同时也是推进智慧城市战略，与以往信息化和数字城市核心的不同点，更加强调不同行业、行业内部和产业等要素间与城市住户的有机联通和功能实现。因此，智慧城市行业协同成为加快智慧城市产业落地的关键性路径。因此，本课题组从15个维度（见图7），分国内外两个视域，综合考虑国内外相关排名、细分领域的技术应用情况和专家经验，进行均衡性评估。2017年上海智慧城市建设的综合水平排在全国前三位，世界排位前十（见图8）。

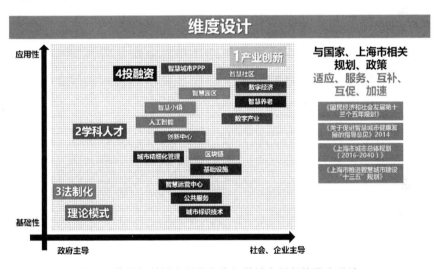

图7　基于智慧城市理论上海智慧城市创新的维度设计

当前，上海智慧城市建设在基础设施、整体推进、技术产业平衡、实际应用效果等方面仍存在市民生活的"智慧"感受明显不足、智慧产品的产业化程度较低、产业规模和竞争力比较薄

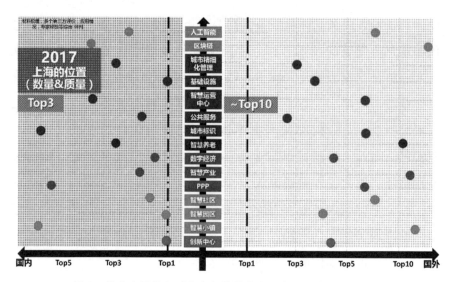

图8　结合中国特色对上海智慧城市发展水平综合/分项评价

弱、城市公共服务的非连续性和碎片化现象严重等问题，智慧城市整体效能尚未很好地发挥。上海智慧城市建设所提供的城市服务，总体上存在获取渠道不方便、处置不及时、效率低下等问题，直接导致服务数据沉淀不足，制约智慧化建设在城市精细化服务管理等方面价值的发挥。从服务需求的入口端出发，增强智慧城市服务的"移动性"，是提高获取性的重要策略，北京、浙江等省市已开展相应探索，其中"北京通"已经取得良好实践成效。近年来，上海市政务信息化建设取得了显著的成效，并积累了大量的人口、企业、房产等基础数据，但由于各部门数据多源且异构、各自平台相对独立，形成数据孤岛，造成数据应用的效果不理想。与此同时，上海金融和IT优势在智慧城市建设方面发挥不足。具体表现在以下方面。

（一）智慧城市产业思维、行业、人才引领和创新地标等均未形成

反映数字经济的智慧城市和大数据企业在市域内高度分散、仅在浦东有一定集聚，且除金融以外的业务领域总体营利性不强。上海区域内的智慧城市和大数据企业，与市内现有的 29 余个智慧园区在空间上缺乏有效关联。智慧园区主导产业缺乏有效的产业组织、主导产业多数近似，多数运营现状欠佳。240 余家行业企业欠缺占据中国主导地位的智慧城市总集成商。上海智慧城市科技文献量位列全国第二，未能形成应用型人才和行业领军人物的绝对引领，落后于北京。上海智慧城市体验中心总量超过 21 处，主要面向科普，商业运营和专业品牌水平较低，未能成为上海乃至中国的智慧城市地标。

（二）智慧城市公共服务供给方式、内容等与市民需求存在矛盾

智慧城市建设所提供的城市服务，总体上存在获取渠道不方便、处置不及时、效率低下等问题，直接导致服务数据沉淀不足，制约智慧化建设在城市精细化服务管理等方面价值的发挥。目前市民所享有的信息技术服务与其切身需求并没有完全对接，所需的便捷、高效的公共服务没有得到充分满足，尤其是具有针对性、个性化的智慧服务较少。公众真实需求的反馈渠道与机制尚未形成，市民所享有的信息技术服务与市民的需求匹配度不高。由于缺乏有效的社会需求、民众和企业的积极参与，适合智慧应用和智慧产业发展的商业模式有待创新，市场机制在智慧城市建设中的基础作用还不够明显。

（三）单一领域建设易，跨领域协同难，存在数据孤岛、联通难

多数服务平台属于单一条线的建设项目，如市民电子健康档案、大规模智慧学习、实时到站电子站牌等。涉及多条线的智慧项目推进难度大、进展缓慢，甚至搁置，如智慧照明。示范范围小、应用难以展开，难以形成规模效应。近年来，上海市信息化建设积累了大量的人口、企业、房产等基础数据，但由于各部门数据多源且异构、各自平台相对独立，极易形成数据孤岛，造成数据应用效果不理想。

（四）重点项目多为政府主导、社会化建设和参与力度不够

智慧生活、智慧城管、智慧政务等领域重点项目大多数由政府投资并主导建设，出发点主要是服务于城市管理与行政审批，项目设计、业务服务与市民需求存在一定错位，从供给到需求的模式通常做不到及时、准确和全面满足市民的需求，并且未建立政府面向社会实体需求的信息化主动服务机制。上海金融在智慧城市领域尚未发挥应有作用，i – $Shanghai$ 等智慧城市 PPP 项目仅有 10 余项（占全国的 23.8%），项目额小，总量较少，覆盖领域窄。

（五）智慧社区等城市细胞尚未成为智慧城市建设的核心要点

智慧城市建设资金主要用于对城市建设和管理具有重要影响的交通、安防等领域，而不是和民生密切相关的社区层面；社会化资本投入未形成有效的商业模式。智慧社区产品与技术成熟度不一。多

数智慧社区的应用往往局限在大屏展示、社区事务受理、物业管理、居民信息服务等方面。相对而言处于较为常规或低端的信息化应用。而现在的新技术新模式，如大数据、物联网等在某些社区能看到一些好的应用，如杨浦区正在打造基于 *LORA* 的新型物联网，并开展相关的应用，大部分其他社区尚未考虑这些新技术新模式的应用。智慧社区认知度与认知意愿存在较大差距。上海智慧社区创新联盟发布《2015 年上海市智慧社区需求调研报告》，上海居民对智慧社区的认知度仅为 14%，但愿意了解的意愿高达 67%。

四 上海探索新时代新型智慧城市建设模式的政策建议

城市作为复杂巨系统，现代城市理论与方法基本未在智慧城市顶层设计当中予以体现，"智慧"尚未在复杂巨系统组织运作中得到逐步的体现，而理论构建直接关系到推进的方式、方法。（1）智慧城市，应当在把握住新阶段城市规律的同时，适应产业变化，即坚持产城融合理论；（2）城市作为系统论下的多主体组成，智慧化的努力就是逐步实现多主体新型时空间位置的科学组织布局，促进并加速关键要素的联系、交互、响应和反馈，即空间生态自组织体系的形成；（3）作为应用指向的城市主题创新，在形成有效组织的基础上，必须导出衍生效应的发挥，跨行业领域多主体间的协同并产生增量经济，即协同经济。因此，产城融合基础上的空间生态自组织与协同经济，能够为现阶段智慧城市理论探索提供支撑。从经济地理视角出发，根据适合我国当前发展阶段的智慧城市理论——"基于产城融合的空间生态自组织与协同经济"，对上海智慧城市创新维度进行针对性设计（见图9、图10、图11），上海应实施"数字经济驱动—智慧城市创新加速器—智慧产城再造—精细化城市管理—无限生长的城市智能应用"协同驱动战略，率先打造具有国际复制力的中国新型智慧城市建设模式，面向2025，根据本决策研究设计的路径实施，届时上海的智慧城市水平或将达到全国第一、世界前三（见图12）。

图9　智慧城市理论与大数据创新驱动产城融合的核心路径

全面认知新型智慧城市，促进上海抢抓数字红利，发展数字与智慧经济。智慧城市是城市数字化创新以及数字经济发展的典型领域，新型智慧城市建设以大数据和"互联网＋"为主要支撑，体现数字红利这一重大的城市创新发展要素。研究如何更好地在城市管理和发展更新、在城市市民生活生产中融入大数据和互联网基因，将极大地促进数字红利在上海的进一步释放，这一红利是产业红利，

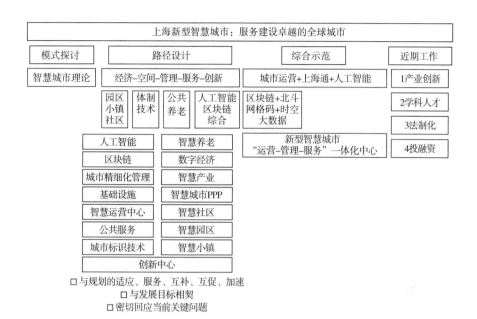

图 10　支撑 2025 上海智慧城市发展的路径设计

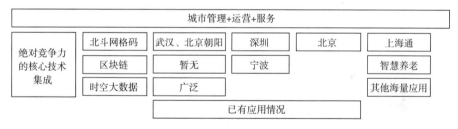

图 11　支撑 2025 上海智慧城市发展的实施建设

将促进和智慧城市相关的各个产业领域形成新的发展，尤其是互联网产业和大数据产业，这一红利更将体现在城市管理方面，形成城市精细化管理的主要支撑，为上海建设具有全球影响力的科创中心、建设国际化魅力都市提供助力。全面协调并统筹各区智慧城市建设，探索编制人口—空间—产业等协同、动态考虑的智慧城市总体战略，

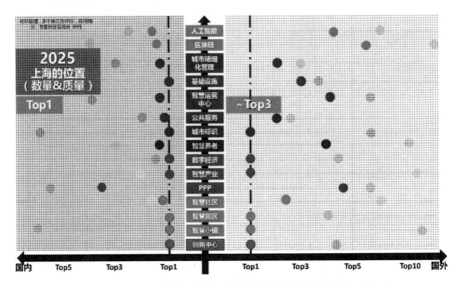

图 12　面向 2025 上海智慧城市发展水平综合预测的国内外排名

制定约束和规范各区智慧城市建设的技术导则和总体目标要求，有效引导智慧城市建设有机、协调、有效，并具有创新性。

（一）数字经济驱动锁定关键领域探索智慧城市建设模式创新

（1）坚持改革创新、产业应用和社会服务三个导向的统一，确立并执行面向 2030 的智慧城市发展目标。结合上海智慧城市"十三五"规划（2017～2020 年），提出上海新型智慧城市发展目标（2020～2025 年）：到 2025 年，上海智慧城市发展建设总体水平成为国际标杆，成为中国智慧城市建设多元模式的集成代表；到 2030 年，上海建设成为中国新型智慧城市改革创新、跨界应用与产城融合示范的核心区。

（2）按照发展目标，优化完善现有建设、评价和考核指标体系，强化各级政府、职能部门增强履职意识与能力。为了高效率地推进智慧城市的建设进程，制定有效的评估体系势在必行，辅助决策者对整体建设过程及结果做出客观的评判，及时发现建设过程中的问题，优化解决方案，使资源得到有效利用，探索第三方评价。

（3）数字经济驱动构建市区两级智慧城市与大数据智慧化调控平台，与宏观经济实现对接，有效指导、服务和培育数字企业集群。逐步提高 iGDP 在 GDP 中的比重，并实现超过 75%（引导城市经济加快进入数字经济阶段，实现数字红利）。数字经济综合排名和细分领域应稳居全国前三。实现对数字经济与智慧产业耦合动态的表征与调控（建设平台；定期进行报告、行业发布、决策支持，促进智慧城市产业、产城聚合）。补足数字医疗、数字交通物流、数字商业服务、数字教育等领域短板。实施内容为"王"的发展导向，培育发展数字内容服务产业。基于空间轨迹—要素协同的产业大数据，为构建智慧城市与大数据智慧化调控平台打好基础，剖析产业集群、产城融合和业态协同，并服务产业政策。研究数字经济自身在城市尺度的培育规律；以数字经济领域权重企业为对象，调研、了解和把握企业运行规律，增设行政职能，专门促进数字经济发展。

（4）园区全面智慧化，做实数字经济，并鼓励和支持企业开展"数字+"，提高市场服务能力。增强园区产业集群、园区城区化治理能力。园区（基地）运维 100% 智慧化，成为支撑数字经济的主要载体，成为区级经济的加速器，形成细分领域特色与国际竞争力，对接市级共建平台（数字经济）。加快城区化，实行由园区"一把手"

负责的园区首席信息官制度。将市内规模以上园区（基地）分级分类实现运维的智慧化；与所在城区经济对接，在数字经济和智慧产业领域成为主要空间承载地；构建智慧城市与大数据智慧化调控平台，剖析产业集群、产城融合和业态协同，服务产业政策制定；促进职住平衡，提高园区产城融合水平，提升园区城市服务与公共配套水平；增设行政职能，专职智慧园区建设。针对智慧园区创新技术产业化培育和产城融合制定激励政策。

（5）智慧城市运营以需求导向为基础，示范性研发驱动实施突破性创新，增强基础设施一体化建设、重视民生服务，以提高居民"智慧城市、智慧生活"的获得感。实施路径包括：①以需求为导向，响应社会（民众与企业）诉求，建立便民智慧城市服务体系；②以时空大数据技术作为智慧城市数据存储与处理基础，基于区块链的智慧城市身份认证与数据网关技术作为智慧城市数据安全保障机制，加速智慧城市建设的一体化；③聚焦政务、交通、环境、医疗、居民健康等重点领域，以基于时空大数据与机器学习技术的"智慧服务"为核心实现智慧城市服务能力突破。

（6）选择试点城区开展"移动智慧城市"示范性探索，加速提高市民智慧城市服务的获得感，进而提高现有信息基础设施数据的获取效能。实现路径主要包括：①自下至上，以城区为单元，示范性建立移动互联网统一服务入口，方便市民、企业和政府只通过一个移动化入口，就可获取所有智慧城市服务；②构建城市级信息化建设统一支撑平台，通过平台化、开放化让智慧城市建设更集约、更高效、更协同；③以"活化"和加速大数据沉淀为目标，科学构建移动数据治理体系，逐步实现广泛公众参与的城市精准化管理。建议安排经信委组织调研"北京通"，以"把服务送到市民指尖"为理念，采用"应用＋平台＋数据"的创新模式。

（二）先导创新引领促进上海智慧城市在科技—人才—法制等方面全面领先

（1）建设上海智芯（即智慧城市创新中心），打造全球性行业地标。基于对国内外超过 76 个智慧城市创新/体验中心的调研，在总结经验的基础上，从上海科创中心建设的动力源出发，提出构建中国智慧城市创新地标的构想——"上海智芯"（*Shanghai Smart Chips*）。探索国家行业单位与上海共建"上海智芯"暨智慧城市创新中心（作为重大项目，列入张江科学城工作计划）的可行性，委托社会单位开展前期立项研究。

（2）支持在沪企事业单位聚焦智慧城市开展应用型专业人才培养与领军人才培育/引进。引入北京等地智慧城市智库力量，奖励在沪高校、科研院所，建立智慧城市学科方向人才培养和领军人才打造机制，重点方向包括智慧城市战略规划与顶层设计（支撑决策咨询）、智慧城市特许经营与 PPP（支撑投融资）等。

（3）在全国率先实现对新型智慧城市建设的法制化，提高制度保障能力。汲取杭州、银川和济宁在智慧城市立法方面的经验，研讨制定全国首个面向新型智慧城市的地方性法规条例——《上海新型智慧城市促进条例》的必要性和可行性，并报送市立法机关。条例突出体制机制保障，明晰政府各部门在新型智慧城市建设过程中的职能、协调和统筹机制，并从全生命周期（经济、规划、建设、管理、运营、产业视角—规划体系—信息基础设施—数据开放—应用—产业发展—多部门职能—违法惩戒）等维度保障，确立智慧城市规划在现行规划体系当中的地位。

（三）利用北斗时空网格编码技术提高城市精细化治理水平

基于技术创新，实现加速数据关联，相对更容易解决数据多源异构、信息孤岛等问题，进而促进分析决策提速。处于国际领先水平的北斗时空网格编码与网格大数据容器技术，能够有效强化城市部件数据化表达与城市大数据融合。该技术在武汉（城市智脑，城市级）、廊坊（大数据，项目级）、北京朝阳（物业，行业级；街道，示范性），应用效果显著。

1. 建立上海网格编码标准，开发标识服务平台

制定上海北斗时空大数据网格编码标准体系，基于北斗时空网格编码技术建设北斗上海网格标识服务平台，完成物件标识的编码、上图、管理及应用支撑，通过网格标签与网格传感器把资源数据化，状态感知网格数据化，通过网格地图与北斗上海网格标识服务平台，来实现精确引导、精细管理和精准服务。

2. 开展北斗网格大数据编码，实现时空数据互联互通

结合上海市空间数据，按照特征划分并进行数据梳理，整合形成上海城市空间面板数据库。利用上海市网格地图通过北斗时空网格编码，在数据层建立统一的身份特征，在保留数据原有业务关系能力的同时，通过新型网格编码形成新的数据映射关系从而保障高

度安全，实现数据互联互通，并在网格地图上真正实现高效运算、检索与展现。

3. 开展城市智脑落地，打造大数据运营中心

城市智脑是基于北斗全球时空网格编码的新型智慧城市大数据运营中心，以网格大数据容器为基础的大数据云计算平台，是在网格大数据操作系统运行环境下的智慧应用支撑平台。城市智脑通过大数据网格编码对城市大数据进行重构、重组，实现城市大数据应用重生，提升城市治理、经济运行、民生服务等智慧化水平，也是城市规划决策与城市服务的运行管理中心。选取崇明等城区落地"城市智脑"。

4. 遴选试点街镇开展数据整合、互联互通示范工程

选择示范性街镇，基于已有的 GIS 系统，构建示范区内城市部件、设施、各业务部门数据互联互通的"一张图"。并以表格、图形等形式，实现数据可视化，在打通业务部门数据共享交换的同时，进一步促进数据的有效利用。充分利用大数据分析的时效性、数据性、动态性、规律性特点，建立分析模型，预测关键指标如人口、活动、安全等未来的变化趋势，为政府管理决策提供支持。

（四）以养老等公共服务为核心强化智慧社区建设覆盖面

加快上海智慧城市发展速度。北京智慧社区数量超过 1600 余处，同期上海为 50 处，差距较大。建议到 2030 年，上海智慧社区覆盖率总体超过 50%，其中中心城区实现 100% 全覆盖，梳理并培育社区管

理、服务新业态。加快智慧社区覆盖面、进行基础性的标准化设施建设；促进社区，完善能够下沉到社区办理的对公业务服务目录，发展以社区服务为核心的社会服务。鼓励并支持企业开发智慧社区产品、服务。制定智慧社区分级分类评价标准并开展评价、认定制定开放接口规范（数据、应用）。针对社区服务需求总量和强度较高的城区，探索建设区级智慧社区资源交换信息机制。制定社区对公业务服务目录并上线到智慧社区平台。培育专业化服务社区的平台型企业，面向社区开发标准化/定制化服务产品。

信息化设施更新年限较短、信息公开大数据沉淀逐步实施、服务于城市治理的有效技术应用单一机械，三者互为制约，智慧城市基础建设软硬件与技术跨界应用协调互动性、同步水平不强，形成智慧城市发展困局。与城市政府推进的基础设施建设相比，社会驱动的建设应用成效更为显著、同步水平较高，如共享汽车、共享单车、共享货车（智慧交通）；二手房租售平台（智慧房管）；PM2.5 的监测 App（智慧环保）；电子商务互联网平台（智慧网购）；以微信为代表的社会网络服务（智慧社会）。

五 结语

智慧城市的创新需要探索以产业运营为核心的商业模式。在顶层设计上，通过协同数字经济与城市治理，激发政府与行业发展信息化的刚性需求。智慧城市运营应以需求导向为基础，聚焦大数据开展批量业务设计，借助开放创新的 ICT 技术，加速产业结构升级，发展新经济，按照"顶层设计 + 创新中心 + 智慧城市 + 智慧招商 +

PPP"的方法论予以实施，强化产城融合；同时，着力加强对九种智慧商业模式的理解和应用，从理论构建出发，探索跨学科创新的信息化应用方式。

参考文献

[1] 周成虎：《智慧城市发展的思考》，《全球智慧城市高峰论坛暨国际智慧城市博览会》，2016 年 6 月。

[2] 徐振强：《特大城市智慧化顶层设计与建设》，《城乡建设》2017 年第 10 期。

[3] 徐振强：《中国的智慧城市建设与智慧雄安的有效创新》，《区域经济评论》2017 年第 4 期。

[4] 徐振强：《欧洲绿色智慧新城建设经验谈》，《城乡建设》2017 年第 9 期。

[5] 邬贺铨：《发展数字经济 建设网络强国》，《领导决策信息》2017 年第 5 期。

[6] 徐振强、刘禹圻：《基于"城市大脑"思维的智慧城市发展研究》，《区域经济评论》2017 年第 1 期。

[7] 姚建铨：《我国发展物联网的重要战略意义》，《人民论坛·学术前沿》2016 年第 17 期。

[8] 倪明选、张黔、谭浩宇、罗吴蔓、汤小溪：《智慧医疗——从物联网到云计算》，《中国科学：信息科学》2013 年第 4 期。

日本智慧城市建设特征及对中国的启示*

李国庆**

摘　要：2012 年以来，基于信息技术应用的智慧城市建设在中国迅猛铺开，发挥了扩大内需、启动投资、促进城市产业升级和转型的经济作用。相比之下，日本把智慧城市视为数字社会基础之上的更高形态，智慧城市被定位于人类借助高科技手段解决能源环境、健康养老以及产业创新等城市问题，探索城市未来形态的社会工程，强调智慧来自人而非高新技术，避免陷入技术至上乃至技术异化带来的恐慌。借鉴日本经验，中国需要推进地方政府、大学、企业和当地居民的相互交流来确定城市当前和未来亟待解决的问题，超越电信技术全面借助多种行业企业的高新科技手段探索城市未来形态，推进以生活为中心的城市问题解决型智慧城市建设。

---

*　基金项目：本文为 2016 年中国社会科学院国情调研基地项目"智慧城市建设与城市转型发展"的研究成果。

**　李国庆，社会学博士，中国社会科学院城市发展与环境研究所研究员，博士生导师，可持续经济学研究室主任，主要研究方向为城市社会学、环境社会学、日本社会论。

关键词： 技术异化　数字社会　智慧城市　问题解决型

　　智慧城市是高新技术与城市建设、管理与服务相结合的城市可持续发展模式。目前，中国实施"互联网＋"发展战略，重点在技术层面和市场层面推进城市基础设施建设，智慧城市定位为经济增长和城市化的增长动力，互联网技术获得了对城市与社区生活的重新规划权。然而在现实生活中，人们生活在基于地缘关系的社区共同体的现实并没有改变，网络虚拟社区并不能取代作为基础社会的社区空间。城市依然是人类生活的基础社会空间，互联网技术是人类用来解决城市中的社会问题、管理和运营城市的高新技术手段。我们不应陷入互联网主导城市生活的技术至上误区。为了保证智慧城市建设在健康轨道上发展，我们需要思考城市生活与高新技术之间目的与手段的辩证关系，反思信息技术改变生活方式带来的过度恐慌。

　　当我们将目光移向国外案例时就会发现，把高新技术引入城市建设、规划和服务的智慧城市概念具有鲜明的问题导向，服务于现实中城市社会问题的解决和对未来城市形态的探索。[1]其中，日本的智慧城市建设可以概括为生活中心主义的问题解决型发展模式。智慧城市建设的动力来源于城市所面临的生态、社会和经济问题，是人类运用高科技手段破解城市现实问题、探索城市未来形态的实践活动，"智慧"来自人而非高科技，必须确立人的主体地位。智慧城市并没有一个放之四海而皆准的普适性建设标准，而是运用最优的高科技智能手段因地制宜地解决所在城市的环境问题与生活问题。

一 中国智慧城市建设进展与问题

(一) 智慧城市建设的两个阶段

2008 年 IBM 公司首先提出智慧城市概念，对全球城市建设产生了巨大影响，被越来越多的国家所接受。2012 年党的十八大报告提出，通过促进新型工业化、信息化、城镇化、农业现代化的同步发展，加快形成新的经济发展方式，促进我国经济持续健康发展。在此国内外背景之下，住房和城乡建设部 2012 年开始启动智慧城市试点工作。2012 年 12 月住房和城乡建设部发布《关于开展国家智慧城市试点工作的通知》（以下简称《通知》），同时配套印发了《国家智慧城市试点暂行管理办法》和《国家智慧城市（区、镇）试点指标体系（试行）》两个文件，正式启动国家智慧城市试点项目申报工作。智慧城市建设定位为贯彻党中央、国务院关于创新驱动发展、推动新型城镇化、全面建成小康社会的重要举措。试点工作对智慧城市的定义是，通过综合运用现代科学技术、整合信息资源、统筹业务应用系统，加强城市规划、推进数字城市建设与管理的新模式。《通知》要求各地高度重视，抓住机遇，通过积极开展智慧城市建设，提升城市管理能力和服务水平，促进产业转型升级[2]。

在实际工作中，智慧城市建设被赋予了扩大内需、启动投资、促进产业升级和转型的职能，带有产业优先和技术优先的色彩。智慧城市被赋予千亿、万亿估值的市场前景，激发了地方城市、电信运营商以及互联网企业打造全新的城市互联网的高度热情，2013 年至

2015 年，290 个城市先后分三批被指定为国家智慧城市试点。

2013 年中国开始了第一阶段的新型智慧城市建设。截至 2013 年底，4 个副省级以上城市、89% 的地级及以上城市，47% 的县级及以上城市，总计 311 个城市提出或在建智慧城市，涵盖大中小城市和东中西部区域。然而智慧城市建设也出现了缺乏顶层设计和统筹规划、体制机制创新滞后、网络安全隐患和风险突出等问题，一些地方出现思路不清、盲目建设的苗头，亟待加强引导。

2014 年起中国进入新型智慧城市建设的第二阶段。2014 年 8 月 29 日，经国务院同意，国家发展改革委员会、工业和信息化部、科学技术部、公安部、财政部、国土资源部、住房和城乡建设部、交通运输部等八部委联合印发了《关于促进智慧城市健康发展的指导意见》（以下简称《指导意见》），把智慧城市定义为"运用物联网、云计算、大数据、空间地理信息集成等新一代信息技术，促进城市规划、建设、管理和服务智慧化的新理念和新模式"。《指导意见》提出"以人为本，务实推进；因地制宜，科学有序；市场为主，协同创新；可管可控，确保安全"四项原则，提出了在 2020 年建成一批特色鲜明的智慧城市，聚集和辐射带动作用大幅增强，综合竞争优势明显提高。智慧城市在保障和改善民生服务、创新社会管理、维护网络安全等方面取得显著成效。在基础设施智能化、网络安全长效化的基础上实现公共服务便捷化、城市管理精细化、生活环境宜居化。

《指导意见》标志着智慧城市的牵头人从住建部过渡到国家发改委，在智慧城市建设原有基础上，"智慧城市"建设坚持城市问题导向、发展需求导向以及国家目标导向，聚焦民生，从全生命周期出发，提高各个环节的有效控制水平，提供民生服务，实施信息惠民工程。基于互联网、物联网、云计算、大数据和网格化管理等技术创新应用的智慧城市建设需要实现深层次信息共享和业务协同，促进城市规划、建设、管理和公共服务的精准化、智能化、便捷化和高效率，提升城市综合发展能力、安全与服务水平。在生活服务领域，通过信息共享和连接，推进智慧环保、智慧房管、智慧医疗，提高居住者的城市生活品质和质量，应该说这是智慧城市建设的原有之意。[4]

2014 年 5 月住房和城乡建设部出台了《智慧社区建设指南（试行)》（以下简称《建设指南》)，这时正值《指导意见》出台前夕的修改阶段。《建设指南》指出，智慧社区是通过综合运用现代科学技术，整合区域人、地、物、情、事、组织和房屋等信息，统筹公共管理、公共服务和商业服务等资源，以智慧社区综合信息服务平台为支撑，依托适度领先的基础设施建设，提升社区治理和小区管理现代化，促进公共服务和便民利民服务智能化的一种社区管理和服务的创新模式，也是实现新型城镇化发展目标和社区服务体系建设目标的重要举措之一。《建设指南》在分析建设的必要性时指出，在新时期新形势下，居民对便捷、高效、智能的社区服务需求与日俱增，倒逼政府优化行政管理服务模式，引导建立健康有序的社区商业服务体系。随着信息技术的高速发展，国内与智慧社区建设相关的技术基础较为扎实，面向移动网络、物联网、智能建筑、智能家居、居家养老等诸多领域的应用产品及模式已基本成熟。[5]

（二）智慧城市建设中的主要问题

应该看到，我国智慧城市和智慧社区建设仍然处于探索阶段，少数进入试点阶段的智慧社区，便民利民领域的智能技术还没有进入实用阶段，而更多的社区尚未进入建设阶段。当前中国的智慧城市建设面临以下三个问题。

第一，智慧城市基础设施的问题解决能力薄弱。中国的智慧城市依然处于互联网技术普及时代，网络建设缺乏统筹规划，技术标准不统一，资源共享水平低。更为重要的是，信息技术能够帮助发现问题，但是解决问题尚需人的努力。智慧城市尚未达到解决问题的应用阶段，对问题发生后如何应对缺乏对策，智慧城市的应用价值没有充分发挥。此外，智慧城市需要技术和道德规范，信息安全和规范使用等新问题都亟待解决。

第二，提高解决问题的能力需要智慧城市建设从信息技术走向综合技术运用。智慧城市建设需要推动物联网、云计算、大数据等新一代信息技术创新应用，建设城市综合管理数据库，通过大数据开发，做到信息共享和集成运用。但智慧城市仅仅依靠大数据还不够，还需要节能技术、远程医疗技术、数字教育技术，这些技术不是电信运营商可以提供的，需要与高科技企业和设备制造业企业全面合作，针对本城市、本社区的问题精细开发新技术、精准解决城市病。

第三，智慧社区建设进展缓慢，居民缺少参与渠道。不少试点社区平台的服务系统尚未连接，相互孤立，社区综合服务平台未达到运转应用阶段。居民缺乏参与智慧社区设计与建设的渠道，当地大学、企业参与共同建设的平台没有建立起来，仅仅依靠城市政府力量单兵作战。

产生上述问题的原因除经济实力不强、投资力度小等因素之外，关键原因是智慧城市建设目的不明确，缺乏城市生活问题导向意识。在建设方式上过度依赖信息通信技术，合作企业以电信运营商为主，忽视了与节能环保、绿色出行等领域高新技术和设备制造企业的合作。出现这一问题的原因是没有把城市社区生活作为智慧城市建设的核心部分，缺少大学、企业和居民共同参与的交流平台。

二 日本智慧城市建设的阶段特征

(一) 日本数字社会建设三部曲

智慧城市建设的前身是数字社会建设，政府出台一系列政策举国推进数字信息化发展。2001 年日本制定了 e - Japan 战略，2006 年制定 u - Japan 战略，2009 年升级为 i - Japan 战略。

2001 年日本制定了 e - Japan 战略 (electronic - Japan)，出台了 IT 基本法，由内阁总理担任 IT 战略本部部长，在国内 47 个都道府县均衡配置高速和超高速宽带网络，确立了通信基础设施的世界领先地位，同时对世界发展有所贡献。建设重点是 IT 基础设施建设和加强应用性、提高利用率。2005 年计划目标全面实现，有 4630 万户实现了高速宽带的连接，其中 3590 万户与超高速宽带 (30Mbps - 100Mbps) 连接。[6]

2006 年日本总务省正式实行 u - Japan 战略，目标是在 2010 年建成泛在网络社会 (ubiquitous network)，将以往的有线网络基础设施建设提升到不分有线无线、泛在的网络环境建设，实现全国 "任何时间、任何地点、任何人、任何事" 都能够轻松连接网络的网络通信环境。"U"不仅是"普遍的（Universal）""用户导向的（User - oriented）"，也是"个性的（Unique）"。为保障老年人和残疾人都能够上网，政府支持开发便捷的人机交互界面、提供信息通信知识培训等。相关的三大政策支柱分别是：第一是建设泛在网络，使网络渗透到生活的方方面面，建成草根 ICT 环境；第二是从信息化层次上升到问题破解。以往的信息社会建设重点是补位信息化发展的滞后领域，而积极运用信息技术，才能向解决 21 世纪的老龄少子、医疗福利、物流交通、环境能源、雇佣劳动、人才教育、治安防灾、经济产业、行政服务和国际化等社会问题高层次迈进，使之成为对社会发展具有实用价值的具体工具，加深人们的互联网实感；第三是强化网络利用环境，采取具体对策从根本上保护隐私和信息安全，促进信息技术面向国民生活的全面普及和渗透，通过有创意的利用活动创新价值。[7][8]

2009 年 7 月，日本政府 IT 战略本部出台 "i - Japan 战略 2015——迈向国民主体的安心与活力数字社会"。"i - Japan" 战略目标是让国民可以像水和空气一样获得和利用数字信息，开发易于使用的数字技术、消除妨碍数字使用的壁垒、增强使用的安全性，促进数字技术和信息对经济社会的渗透，创新日本社会。"i - Japan" 战略把政府、医院和学校三大公共领域列为重点领域，政府部门设立首席信息官专职推进电子政府建设，促进政府的可视化，给每一个国民设立与国民社会保障卡一体的 "国民电子个人信箱"，让国民享受一站式行政服务。在医疗领域推进电子病历、远程医疗，促进地域医疗合作。在教育领域提高教师数字技术使用能力，提高学生数字技术学习热情。"i - Japan" 战略的重要目标之一是通过电子信息技术的应用，推进全产业的结构变革和地方再生，提高日本产业的国际竞争力。[9]

（二）日本智慧城市建设三大构想

数字社会建设为日本智慧城市建设奠定了强大的基础设施条件。2008 年 IBM 基于智慧地球概念提出智慧城市建设新思维后，世界各国出台政策积极应对。日本经济产业省、内阁府、总务省先后出台了三大智慧城市建设构想，推进智慧城市建设。

2010 年 4 月，日本经济产业省制定《新一代能源与社会体系实证计划》，选定京都—大阪—奈良、爱知县丰田市、神奈川县横滨市和北九州市四个地区为智慧城市示范城市。日本智慧城市的三个核心概念是"环境"＋"科技"＋"社区"。智慧城市最初是应用 IT 和环保技术建设有效利用再生能源的智能电网、以电动汽车充电装置为标志的新型交通体系、运用蓄电池和节能家电的环保型城市体系。因此，环境改善在智慧城市建设中占有突出位置。与此同时，它更是一项面向未来城市生活的社会工程，首先要构建"公、民、学"三位一体的社会网络，以未来形态的生活需求确定城市建设目标。

横滨市以智慧能源建设为主题，参与试验的地方自治体和企业包括横滨市、东芝、日产汽车、松下、明电舍、东京电力和东京燃气，具体目标是电力、燃气、热能、交通设施的智能化。[10]丰田市以智慧家庭和低碳城市建设为核心。参与主体包括丰田市、丰田汽车、中部电力、东邦燃气、夏普、富士通、东芝、KDDI、三菱重工、丰田自动织机、梦想孵化器等，建设目标是电力、燃气、交通设施智能化。京都—大阪—奈良学研城市的参与主体是关西文化学术研究城市推进机构、能源信息化工作小组、同志社协议会、京都府、京田边市、木津川市、精华町、关西电力和大阪燃气等，建设领域是电力、燃气和交通设施等。北九州市的参与主体是北九州市、新日本制铁、日本 IBM、富士电机体系等，合作领域是电力、燃气、水、废弃物、交通设施等领域。四个智慧城市试点除在上述领域推进基础设施之间相互协作之外，还在能源、交通、上下水道、医疗、教育育儿、关怀服务等方面提供产品服务。在软件方面提供信息服务，例如旅游信息、防灾信息、关怀信息以及行为信息。[11]

日本内阁府于 2011 年提出了"环境示范城市"和"环境未来城市"构想。环境示范城市是以实现可持续发展的低碳城市社会，提出具体的低碳社会形象，形成"未来环境社会"的基础。"环境未来城市构想"为应对能源环境与老龄化等人类共同课题，创新环境、社会、经济三大价值，提出开展先导性项目，实证检验"人人愿居住""人人有活力"的城市结构。2011 年日本内阁府共选出 11 个地区作为环境未来城市，包括东日本海震灾地区的 6 个城市、震灾地区之外的 5 个城市。其中震灾地区之外的 5 个地区是北海道下川町、千叶市柏市、神奈川县横滨市、富山县富山市、福冈县北九州市。

日本总务省于 2012 年 6 月在《活用信息技术的城市建设与全球化恳谈会报告书》中提出"信息技术智慧城市构想"，旨在建设抗灾能力强、有能力解决地区复合性课题、搞活经济创造就业、加强国际社会贡献提高国际竞争力的"信息技术智慧城市先行模式"，目标是在 2015 年建成示范模式，2020 年向国内外推广。总务省从 2012 年开始招标试点城市。活用信息技术的城市建设报告书制定目的之一是运用信息技术帮助解决少子老龄化、劳动年龄人口减少、城市基础设施老化、地球温室化等现代课题，引导经济发展；目的之二是回应 2011 年东日本海大地震复兴对运用信息技术建设抗灾能力强的安心街区、环境友好的生态街区、产业创新的就业充分街区的强烈期待。

三 日本首个智慧城市——"柏之叶校园城市"

"柏之叶校园城市"是 2011 年日本内阁府指定的 11 个"环境未来城市"之一。2016 年获得美国绿色建筑协会颁发的国际性绿色环境认证制度"LEED 认证"中"社区开发（Neighborhood Development）"认证最高的"铂金级认证"，这在日本尚属首次。以柏之叶创新校区为中心面积达 42 公顷的对象区域是世界上规模最大的区域。"LEED 认证"是世界公认最有影响力的建筑与城市街区可持续性评估标准，标志着柏之叶街区建设达到了世界顶级环境性能。

柏之叶智慧城市建设主体除千叶县柏市之外，还包括东京大学、千叶大学、三井不动产株式会社、智慧城市规划株式会社、柏之叶城市设计中心（Urban design center）、TX 企业家伙伴（TX entrepreneur partners）。柏之叶地区申请内阁府智慧城市建设项目基于对社会背景的两点深刻认识：第一是地球环境变化，包括气候变化、人口老龄化、能源问题等城市问题；第二是人类生活的改变，突出表现在人的生活方式和价值观念的变化。在达到了富裕社会之后，生活环境取代物质生活成为人们关心的焦点，环境质量成为生活质量的核心。在就业领域，人们不再是不加选择地追求就业创业，创造有益于生态环境和身心健康的就业形态成为创业就业的必要条件。

（一）智慧城市建设的三个基本理念

柏之叶智慧城市建设由三个基本理念组成：第一，建设挑战城市问题的街区。其中，绿色能源、环境共生、安全与安心、健康长寿、产业振兴是最重要的课题，智慧城市的兴起正是为了解决上述城市问题。第二，城市是人的生活场所，人是城市的主体，智慧城市建设的目标是创造轻松的工作环境、舒适环保的娱乐与生活环境、应对自然与社会风险的能力以确保家庭与资产的安全性。不依赖汽车的街区是智慧城市建设的目标之一。柏之叶地区距离东京都心秋叶原乘坐快轨仅 30 分钟，城市建立了发达的公共交通设施、自行车专用道、社区循环公交系统，其中充分发挥公共自行车优势改善居住环境是一大亮点。第三，复合功能优势与专业化街区管理有机结合，实现街区的可持续发展。与传统的单一功能的街区设计不同，复合功能城市可以通过城市经营实现城市价值的持续创造，让智能技术为城市创造附加价值。

正是基于上述三个理念，日本的智慧城市建设远远超出前一阶段的通信网络设施建设范围，着眼于能够解决城市问题的基础设施建设。城市的合作伙伴不仅是通信运营商，而且包括综合性的不动产公司和电器公司，例如三井不动产公司和著名的日立电气公司。

三井不动产公司是日本最大的住宅与街区建设开发公司。该公司的"中长期经营计划：创新 2017"是基于对国内成熟化的市场认识制定的智慧城市战略。日本面临的主要社会问题在于：一是少子化、高龄化；二是国民对于健康长寿、环境共生、能源节约、文化与历史、城市安全以及社区建设的高度关注，人对城市的需求发生了质变。三井不动产公司不断挑战城市发展难题，2000 年后重点关注智慧城市建设，参与和主导了日本首个智慧城市"柏之叶校园城市"建设。

三井不动产公司的智慧城市建设分为城市型和郊外型两大类型，城市型地区选择日本桥、日比谷、八重洲、大手町和丰洲等东京都核心区域逐个推进，开发智慧型不动产产品包，实现楼宇、商业设施和住宅的智能化，提高城市的舒适性与安全性，增强城市的国际竞争力水平。

由三井不动产公司开发的柏之叶地区则属于郊外型。建设始于2005 年，2011 年被内阁府指定为"环境未来城市"。柏之叶地区距离东京都心秋叶原 25 公里，2014 年人口约 5000 人，就业人口 1000人，商业设施年利用人口 700 万人。柏之叶地区聚集着东京大学分校、千叶大学分校、国立癌症研究中心医院以及多种企业孵化器，充分发挥集聚的最尖端知识、发挥得天独厚的自然环境价值成为城市建设主题。

以柏市、东京大学、千叶大学、三井不动产公司共同组成的"柏之叶城市设计中心（UDCK）"描绘城市蓝图，突出"热闹街区"、"活力街区"和"步行者友好街区"。智慧城市建设体现了"生活中心主义"的日本文化，目的是破解当前城市问题，展示未来城市形象，提高城市国际魅力。

柏之叶智慧城市建设把环境共生、健康长寿、新产业创造设定为三大建设主体，即建设环境友好、抵御灾害力强的街区；各年龄层都能够健康安心生活的街区；培育成长型产业，为城市增添发展新活力。政府并非智慧城市建设的唯一主体，而是市政府、NGO 团体、市民、不动产开发商三井公司和日立电气公司、东京大学和千叶大学共同合作，其中市民的主体性参与具有极高的重要性。

（二）柏之叶智慧城市建设阶段特征

柏之叶地区开发以 2014 年为界分为站前开发和整个区域开发两大阶段。首先是 2005－2013 年的站前创新校园建设。柏之叶快轨站前地区建设可以分为三个阶段，即规划阶段的智慧聚焦、开发阶段的智慧解决、建成之后的智慧管理。

第一阶段是深入发掘和提出所在城市现实与潜在的课题。从城市建设主体的培育入手，开展俱乐部活动、代际交流、创业支援，构筑全球网络，组建多元社团组织，共同协商，把城市面临的能源问题、环境共生、城市安全、健康长寿、产业振兴确定为智慧城市的建设主题。

第二阶段是运用最新技术智能解决所在城市面临的现实与潜在的五大课题。第一是能源问题。能源问题首先是能源节约，引进高效空调和照明技术，推广高能玻璃和断热材料，导入"被动式建筑设计"，依靠建筑设计本身而非利用机械设备减少照明、采暖及空调能耗。其次是创造新能源，使用燃料电池、地下热能等未开发能源。第二是环境共生。首先是实现与自然共生，创建亲水空间，缓和热岛效应，保护生物多样性，保护地表与水表，发展城市农园。其次是建设复合用途设施。第三是增强城市安全。首先是确保防灾性能，提高耐震强度，实现电线、天然气与基础设施复线化，设置紧急发电设备。

其次是及时发布灾害信息,确保灾害突发时的水源供应。第四是促进健康养老事业。首先是建立健康长寿管理体制,即建立充分利用信息通信技术的健康管理体系、城市全覆盖的医疗体系。其次是应对老龄化社会,提供照料看护服务,构筑社区参与体系,提供文化娱乐服务。第五是振兴智慧产业。建立创业支持体系,确定创业支持项目;引进高水平大学和研究机构;引进高附加值的特定产业与特定企业。

截至 2013 年,柏之叶地区运用最尖端技术体系在城市轨道车站前核心街区建起 12.7 万平方米的创新校园。创新校园建设包括能源体系、交通体系、粮食与园艺、健康服务,建设成果包括在环境共生领域建成了日本最早的街区电力融通系统。日本电气公司日立公司为柏之叶智慧城市设计建设了对区域整体能源进行运转、监测、控制的地域能源管理系统(CEMS),该系统发挥了三个功能:第一,区域能源管理,把握、分析和管理区域能源状况,监测灾害信息,提供"可视的节能管理"。第二,电力融通,制订电力融通计划,实施日常性尖峰负载消减运转、计划内停电时的节电运转、计划内停电和灾害突发时的区域间供电。第三,向用户提供信息,包括地域信息能源提供;设定能源消费目标值、能源消费警告、节能建议。智慧城市发挥了节能行动指南作用,削减街区的二氧化碳;建设灾害及意外停电等突发事件时也能安心居住的街区,维持业务与生活的平稳运转,支持安心安全的生活。[12]

在健康长寿领域,柏之叶地区建成了疾病预防体系,在新产业创造领域设立创新办公室,建立了多元主体的社区交流平台,职住接近、富有活力、多功能的精准街区雏形初现,地区由建设阶段进入智慧管理阶段。这是柏之叶快轨站前地区建设的第三个阶段。此阶段的目标是实现可持续的资产增值，最为重要的是由高素质的专业人员实施街区运营，同时居民和当地机构积极参与社区治理，提高街区竞争力，最终实现街区可持续的增值。

2014年之后，柏之叶地区智慧城市建设进入推进街区整体（面积为300万平方米）建设的新阶段，以2030年为目标实现整个地区的创新校园化。第一个目标是通过"复合用途"创造"复合优势"，实施工作、居住、旅游（商业）、大学（研究）的复合开发，建设文化、便利店和俱乐部（CCC）一体的复合商业设施，实现昼夜人口比例最优化。第二个目标是推出以"水与绿"为主题的城市设计，将蓄水池塘改建为水上平台，实现道路、公园等公共空间的环境治理。第三个目标是创造居民与大学科研人员的社区交流场所，居民与企业、大学、研究机构携手实施研究开发和产品开发，引进环保性能高和对健康无伤害的优质企业，创建新一代生活科学产业的创新基地。[13]

四　日本智慧城市建设对中国的启示

由于发展阶段不同，日本的智慧城市建设理念与中国有明显不同，研究日本的智慧城市建设理念、组织实施方式是为了找出可资中国借鉴的经验。智慧城市、智慧社区的发展首先要确定城市、社区当前面临的问题以及未来将会面临的问题，例如能源问题、健康养老问题、创业问题和环境问题。这些迫切需要解决的问题确定之后，再去选择适当的高新技术手段而不仅仅是运用信息技术帮助人们解决问题，这是一种因地制宜的问题解决型城市发展模式，并非城市发展的新浪潮，没有统一的建设标准。

日本智慧城市的建设特点可以概括为三点：第一，数字社会建设与智慧城市建设属于两个不同的发展阶段，建设主题也不相同。数字社会建设阶段的任务是创造信息通信技术硬件设施条件，电信运营商发挥主体作用，实现全国无地区差别的泛在网络社会。智慧城市则是更高形态的发展阶段，目标是从不同地区的具体城市问题出发，有针对性地寻找电力、燃气、热能、交通、建筑、医疗、汽车制造等多种企业共同合作挑战城市问题。

第二，智慧城市建设动力来自地球环境变化和城市生活变化中的现实问题，从交通通信、能源、水资源、防灾减灾、废弃物处理等城市基础设施以及从学校教育、医疗看护、社会治安等城市生活基础设施以及产业创新视角，借助高新技术力量建设应对城市难题的新型城市。由于城市基本条件不同，能源环境、健康养老问题和产业创新在各个城市的表现形式不同，需要有针对性地确定智慧城市的建设重点和先后次序。

第三，以社区为主体，搭建地方政府、地方企业、大学、居民多元主体的社会网络至关重要。多元主体交流沟通，共同确定所在城市面临的主要难题，政府提供政策引导和财政支持，企业提供高新技术支持，居民参与规划制定与实施，增强对智慧城市的实感，避免陷入技术至上乃至技术异化带来的恐慌，最终建立起经济可持续和生活可持续的城市发展体系。

中国正在进行以城市政府为主导，积极推进以信息智能化为导向的"互联网＋"战略，日本数字社会特别是智慧城市建设经验对中国有以下三点重要启示。

第一，明确数字社会建设与智慧城市建设的不同使命。数字社会建设以信息通信基础设施建设为主，同时互联网技术的广泛应用作为新动能可以带动新业态的发展。智慧城市本质上是为了破解城市所面临的环境能源问题、居民生活问题和产业创新等现实问题，是一个问题解决型的城市发展战略。智慧城市建设需要超越电信技术，全方位借助包括电力、燃气、交通设施、医疗、建筑等行业企业的高科技手段，从本城市的实际需要出发确定智慧城市建设的主题。

第二，智慧城市建设所借助的高科技手段是有技术标准的，而智慧城市挑战的环境问题、经济问题和生活问题因城而异，不具有可比性，不宜制定达标标准，更不宜作为政绩考核标准。智慧城市建设具有拉动消费、带动投资、促进产业转型升级的作用，但并非城市经济发展的新浪潮，应根据本地实情稳妥推进。

第三，智慧社区建设是智慧城市建设的基础，也是智慧城市建设的核心内容。通过城市电子政务平台，可以为社区居民提供社会保障、远程医疗、数字教育、健康养老、社会救助等服务，智慧社区建设应在智慧城市建设中占有举足轻重的位置。智慧社区建设必须以人为本，成果共享，因此特别需要为老年人和残疾人开发便利通道，营造任何人因任何需要、在任何时间、任何地点都能轻松利用的智慧生活环境。

确保智慧城市的健康发展需要确立人的主体地位，搭建政府、企业、大学与居民的社会网络，以社区为基本单位科学确定建设主题，全面借助企业的高新技术有针对性地破解城市问题。

营造安全、安心的城市生活环境，这是智慧城市建设的唯一目标。

参考文献

［1］侯志远、焦黎帆：《国外智慧城市建设研究综述》，《产业与科技论坛》2014年第24期。

［2］中华人民共和国住房和城乡建设部办公厅：《住房和城乡建设部办公厅关于开展国家智慧城市试点工作的通知》（建办科［2012］42号）；住房和城乡建设部建筑节能与科技司、科学技术部社会发展科技司主编《中国智慧城市年鉴（2014）：下卷》，中国建筑工业出版社，2014。

［3］肖拥军：《智慧城市"智"到什么程度?》，《中国经济和信息化》2014年第16期。

［4］丁朝阳、陶从知编著《智慧新余——实现路径与模式研究》，江西人民出版社，2016。

［5］中华人民共和国住房和城乡建设部办公厅：《智慧社区建设指南（试行）》（建办科［2014］22号），http：//www. mohurd. gov. cn/wjfb/201405/t20140520 _ 217948. html。

［6］日本総務省 .「e - Japan 戦略」の今後の展開への貢献［EB/OL］. http：//www. soumu. go. jp/menu_seisaku/ict/u - japan/new_outline01b. html.

［7］日本総務省 . U - Japan 政策——2010 年いつでも、どこでも、何でも、誰でも、ネットワークに簡単につながるユピキタスネット社会の実現にむけて［EB/OL］. http：//www. soumu. go. jp/menu_seisaku/ict/u - japan.

［8］刘兹恒、周佳贵：《日本"U - JAPAN"计划和发展现状》，《大学图书馆学报》2013年第3期。

［9］日本 IT 戦略本部 . i - Japan 戦略 2015 ～国民主役の「デジタル安心・活力社

会」の実現を目指して～［EB/OL］. http：//www. kantei. go. jp/jp/singi/it2/
kettei/090706honbun. pdf.

［10］苗宇鑫、李淘、史宁：《关于日本智慧社区发展动向的介绍》，《电气技术》
2012 年第 8 期。

［11］李彬、魏红江、邓美薇：《日本智慧城市的构想、发展进程与启示》，《日本研
究》2015 年第 2 期。

［12］冯浩、汪江平、高伟俊、范理扬：《日本智慧城市建设的现状与挑战》，《建筑
与文化》2014 年第 12 期。

［13］日本電子情報技術産業協会（JEITA）. 柏の葉スマートシティーー「課題解決
型の街づくり」をIoTで実現［EB/OL］. http：//www. jeita. or. jp/japanese/lo-
cal3/index. html.

墨尔本智慧城市建设：理论、经验与反思

黎永强[*]

摘要： 在墨尔本，智慧城市一词是基于政府选举的需要，近两三年提出的。而智慧城市的建设和发展，应秉持以人为本的理念。本文从微观层面入手，集中思考人文精神和以人为本两个方面，先从城市的起源、发展和面临的挑战引入智慧城市建设中应坚持以人为本，然后通过四维螺旋模型和美第奇效应来说明以人为本的核心应注重多主体、多学科、多领域的参与，接着通过创新生态系统的 QHM 分析墨尔本智慧城市在制度、宜居、经济、基建、营商环境等方面的做法，最后在墨尔本智慧城市建设方面仍面临的问题提出了反思。

关键词： 以人为本　智慧城市　持续发展

一　引言

本文是从微观层面来讲墨尔本在智慧城市建设方面的发展和反

---

* 黎永强，澳大利亚维多利亚大学法学院研究员，博士生导师。

思。主要思考点集中表现在人文精神和以人为本两个方面，即作为一个社区里面的人所考虑的实实在在的东西，智慧城市对一个社区人来讲的附加值的体现。

二 城市的起源、发展与智慧城市：以人为本

（一）城市的起源

城市规划是看城市怎么形成的。最早的城市大概是公元八千年前的卡塔霍尤克。现在卡塔霍尤克的分布非常不平均，整个遗产规划和保护从公元八千年前至今仍不是特别完善。中国城市发展最早可以追溯到公元前 7000～3000 年的仰韶文化和龙山文化，在周朝和秦朝时期已修筑城墙作为城市边界。对城市规划的记载是西安，它整个规划本身非常规整。墨尔本城市的发展完全承袭了比较先进的地区，包括西安在城市规划方面的经验，就是在已有框架的基础上不停地做小改动而非大的变化。

（二）城市的可持续发展

1. 城市可持续发展面临的机遇

联合国开发计划署数据显示：目前，全球有一半人口，即 35 亿人居住在城市，到 2030 年预计会增至 50 亿人。在未来几十年，95％的城市扩张会发生在发展中国家。城市居民人均收入是农村居民的三倍以上。从可持续发展角度看，大城市比小城市更

节能 。① 可知，人口城市化在未来几年可能有突飞猛进的增长，而且城市人口收入差不多是农村居民的三倍以上。

2. 城市可持续发展面临的挑战

快速城市化给淡水供应、污水处理、生活环境和公共卫生都带来压力。截至 2016 年，全球 90% 的城市居民呼吸着不符合安全标准的空气，420 万人死于空气污染问题。全球超过半数的城市人口呼吸着污染级别高于安全标准 2.5 倍的空气。城市只占全球土地面积的 3%，但却产生了 60% ~80% 的能源消耗和 75% 的二氧化碳排放。目前，有 8.83 亿人住在贫民窟，大多数都分布在东亚和东南亚。这个数字每年以 800 万人的速度在增长。城市发展产生了很多问题，如贫富差距，失业，环境污染，交通拥堵，暴力和犯罪事件抬头等。相比之下，欠发达国家的发展能力和治理水平相对发达国家要弱很多。②

（三）智慧城市：以人为本

智慧城市可以克服传统城市规划中的一些弊端。大数据和数字科技可以把城市中不同的利益相关者联系起来，促进市民参与，创造新服务并为城市发展提供实时的反馈。例如，云计算、物联网、开放性数据平台等。

而智慧城市建设是个复杂的过程，依赖于城市的发展现状、背

---

① 数据来源：UNDP 2018。
② 数据来源：UNU 2018。

景和制度。所以智慧城市发展没有既定模式，每一个城市都应该探索适合它自身发展的模式。

联合国开发计划署可持续发展目标里面有一个就是建设包容、安全、有抵御灾害能力和可持续发展的城市和人文。2016 年 10 月 17 日至 20 日在厄瓜多尔基多联合国住房和可持续城市发展会议上世界各国领导人通过了《新城市议程》，该议程确定了实现可持续城市发展的全球标准，通过与各级政府、民间社会、私营部门、相关利益攸关方和城市参与者的合作，重新思考在城市建设、管理和生活方面的方式。这是全球为实现"人类命运共同体"而共同努力的实证。

三　四维螺旋模型和美第奇效应

对于创新的模型现在用得比较新的就是四维螺旋模型，以前的三维螺旋模型主要是解释产学研怎么结合，怎么促进创新。四维螺旋模型包括产业界、科研机构、大学和其他的社会团体、民众、媒体，在多方思维碰撞中能产生所谓的美第奇效应。主要思想就是让不同领域、不同学科、不同文化的人在交叉点上产生联系，这样就会产生不同凡响的新的想法。美第奇家族本身是做金融行业，其资助了很多不同领域的人一块产生互动，使得多学科、多领域的交叉思维创造出惊人的成就。居住在这所城市里面，他们得以互相了解对方，彼此相互学习，从而打破了不同学科、不同文化之间的壁垒。他们一同用新的思想，开创了后来被称为"文艺复兴"的时代。

四 墨尔本智慧城市创新生态系统的 QHM 分析

（一）墨尔本智慧城市创新生态系统的 QHM 分析：制度基础

墨尔本是一个比较漂亮的城市，它的法律基础是普通法系，继承了英国、美国的法律机制，但是从澳大利亚立法角度来讲很多事情并不进行试点，而是等别人试点完成且成功之后，澳大利亚才进行立法。以最近三、四年股权众筹立法为例，英国 2013 年立法，美国 2015 年立法，其立法是限制股权众筹。澳大利亚就是在英国完成后，经过多轮波折，于 2018 年 4 月份才通过立法。

整个法律基础完全是基于宪法，宪法的强制约束力对所有法院系统都是非压强的，虽然澳大利亚在十年里换了八次总统，但其经济在所有的西方经济中是唯一一个持续在 2008 年金融危机过程中呈正增长的国家，道理很简单，因为它的司法系统非常严密。

另外一点，其系统是稳健运行的系统。有个实例，在 2016 年到 2017 年有 15 名议员被最高法院宣布没有议员资质，因为有些国家歧视认为其不管到哪个地方都是意大利人。而从制度基础来看，由于其是法制影响社会发展，这就形成了人文发展非常稳定的空间，在不同层次的人中，都可以有比较舒适的发展，同时也产生了人对系统的信任性。

（二）墨尔本智慧城市创新生态系统的 QHM 分析：宜居

墨尔本是一个非常宜居的国家，在 2010～2017 年连续七年被评为全球最宜居的城市，作为一个小国家，它的宜居是从哪些方面体现的呢？一是法制；二是系统稳定性；三是社会的多元化。走在悉尼会感觉到不会英文也可以生存，走到墨尔本可以感觉到不仅仅不会英文，哪怕不知道怎么吃或者不知道点什么吃的，不用开 App，随便找一家，它都有不同国家的食物奉上，而且因为墨尔本地方小市场竞争力非常大，所以导致运营时间比较久的店铺都是经过市场检测的。

（三）墨尔本智慧城市创新生态系统的 QHM 分析：经济

澳大利亚的战略规划并非全方位都要做到全球领先。在经济上，一想到澳大利亚通常会想到矿业很发达，矿业实际上在 GDP 占的贡献 10% 都不到。其最大的产业是金融服务业，占澳大利亚大概 60% 的 GDP，全球五百强中大约有四百多家亚太地区总部在澳大利亚，而墨尔本有很大一批。另外其重点主要集中在生物技术、生命科学、高等教育、医学科研、信息通信。

（四）墨尔本智慧城市创新生态系统的 QHM 分析：现代化的可靠基础设施

墨尔本拥有快速的高容量通信网络以及安全高效的道路和公交系统。这座城市还坐拥 24 小时国际机场和澳大利亚最大集装箱和普通货物港口的便利。墨尔本机场共有 29 家国际和 6 家国内航空公司通线。2016～2017 年度旅客吞吐量超过 3500 万人次，是澳大利亚领先的空运出口港。墨尔本港位于墨尔本中央商务区边缘，是澳大利亚最大的港口，贸易总额达 1020 亿澳元；每年吞吐约 3000 艘船舶和

264 万个集装箱；与天津、上海建立了全球港口合作关系。

（五）墨尔本智慧城市创新生态系统的 QHM 分析：充满活力和全面支持的营商环境

澳大利亚货币已实现全面国际化，对信用、贷款融通或资本流动不设任何限制规定，因此墨尔本的营商环境是比较友好的。2017年 8 月，墨尔本推动设立了江苏维州研创中心，让墨尔本创业企业有机会测试加快自身的创新成果，并支持他们进入中国市场。

（六）培训，孵化方法和理念

对于孵化，每年会挑选几个重点项目孵化，两年时间每个项目给一百万澳币，要求企业成功后转让四分之一的股权，企业成功之前没有任何费用。

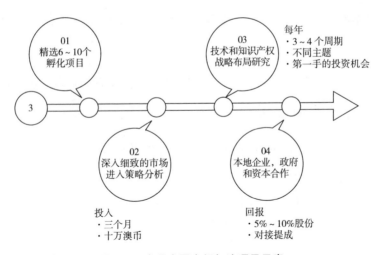

图1　三个月中国市场加速项目示意

五 墨尔本智慧城市建设的反思

在企业家发展方面墨尔本智慧城市建设确实取得很大成效，包括在智慧城市方面也做了许多努力，但是除了一些经验外，其在运作上也存在一些问题。

首先，不完全是由政府驱动，很大程度上由企业和社会推动。智慧城市的发展程度与中国无法相比，因为其规模很小，而且智慧城市这个词也是因政府选举需要，近两三年才提出。它的发展本身就是要求全民参与。同时，理论上来说一个好的国家应该由智者来领导，但在西方民主国家议会议员任命很大程度上和智能没有关系，其最主要的东西也是左派右翼，导致党派之间抗衡力量几乎不存在，因此才出现十年换了八次总理的现象，但是其系统还是稳健地运行。

其次，墨尔本的智慧城市发展仍依托于城市规划系统。没有单独的全局战略和评估系统，没有全职工作的团队支持。在规划上还有一些没有办法解决的问题。比如人类面临的共同挑战：恐怖主义，这可能和反恐有关，即它的安全局可以拿到和人有关的一些数据但是没有办法使用。现在有一个立法也正在考虑这个问题，但是很难。

最后，智慧城市的发展以全民参与为基础，对科技接受能力不强的人很容易排除在整个改革之外。它讲的模式是什么呢？就是科技的先进性，在智慧化和人的发展上讲平衡。以无人驾驶为例：有人喜欢走路，有人喜欢开车，无人驾驶对喜欢开车的人有帮助，和喜欢走路的人压根没有关系，它就是人的发展。

图书在版编目（CIP）数据

智慧城市论坛. No. 4 / 潘家华，刘治彦主编. -- 北京：社会科学文献出版社，2019.9

ISBN 978 - 7 - 5201 - 5193 - 1

Ⅰ. ①智… Ⅱ. ①潘… ②刘… Ⅲ. ①现代化城市 - 城市建设 - 文集 Ⅳ. ①C912.81 - 53

中国版本图书馆 CIP 数据核字（2019）第 150496 号

智慧城市论坛 No. 4

主　　编／潘家华　刘治彦
副 主 编／丛晓男

出 版 人／谢寿光
组稿编辑／周　丽　王玉山
责任编辑／王玉山

出　　版／社会科学文献出版社·经济与管理分社（010）59367226
　　　　　　地址：北京市北三环中路甲 29 号院华龙大厦　邮编：100029
　　　　　　网址：www. ssap. com. cn
发　　行／市场营销中心（010）59367081　59367083
印　　装／三河市尚艺印装有限公司

规　　格／开　本：787mm×1092mm　1/16
　　　　　　印　张：15　字　数：168 千字
版　　次／2019 年 9 月第 1 版　2019 年 9 月第 1 次印刷
书　　号／ISBN 978 - 7 - 5201 - 5193 - 1
定　　价／108.00 元

本书如有印装质量问题，请与读者服务中心（010 - 59367028）联系